＼正しく使えるようになる／

小学全漢字の総復習

文英堂

もくじ

1 年生の漢字 80字

1年生の漢字　読み …… 6
1年生の漢字　書き❶ …… 7
1年生の漢字　書き❷ …… 8

2 年生の漢字 160字

2年生の漢字　読み …… 10
2年生の漢字　書き❶ …… 11
2年生の漢字　書き❷ …… 12
2年生の漢字　書き❸ …… 13
2年生の漢字　書き❹ …… 14
2年生の漢字　書き❺ …… 15
2年生の漢字　書き❻ …… 16

3 年生の漢字 200字

3年生の漢字　読み …… 18
3年生の漢字　書き❶ …… 19
3年生の漢字　書き❷ …… 20
3年生の漢字　書き❸ …… 21
3年生の漢字　書き❹ …… 22
3年生の漢字　書き❺ …… 23
3年生の漢字　書き❻ …… 24
3年生の漢字　書き❼ …… 25
3年生の漢字　書き❽ …… 26

4 年生の漢字 202字

4年生の漢字　読み …… 28
4年生の漢字　書き❶ …… 29
4年生の漢字　書き❷ …… 30
4年生の漢字　書き❸ …… 31
4年生の漢字　書き❹ …… 32
4年生の漢字　書き❺ …… 33
4年生の漢字　書き❻ …… 34
4年生の漢字　書き❼ …… 35
4年生の漢字　書き❽ …… 36

5 年生の漢字 193字

5年生の漢字　読み …… 38
5年生の漢字　書き❶ …… 39
5年生の漢字　書き❷ …… 40

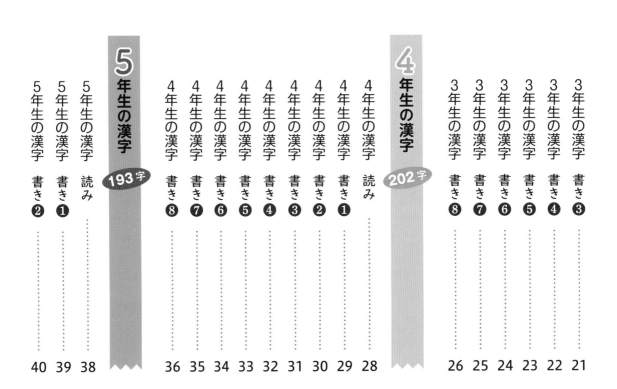

5年生の漢字　書き❸ …… 41
5年生の漢字　書き❹ …… 42
5年生の漢字　書き❺ …… 43
5年生の漢字　書き❻ …… 44
5年生の漢字　書き❼ …… 45
5年生の漢字　書き❽ …… 46

6年生の漢字　191字

6年生の漢字　読み …… 48
6年生の漢字　書き❶ …… 49
6年生の漢字　書き❷ …… 50
6年生の漢字　書き❸ …… 51
6年生の漢字　書き❹ …… 52
6年生の漢字　書き❺ …… 53
6年生の漢字　書き❻ …… 54
6年生の漢字　書き❼ …… 55
6年生の漢字　書き❽ …… 56

テーマで覚える復習《ふくしゅう》問題

まとめて覚える同じ部首の漢字❶ …… 58
まとめて覚える同じ部首の漢字❷ …… 59
まとめて覚える同じ部首の漢字❸ …… 60
まとめて覚える同じ部首の漢字❹ …… 61
まちがえやすい似《に》ている漢字❶ …… 62
まちがえやすい似ている漢字❷ …… 63
正しく書きたい同じ訓読みの漢字❶ …… 64
正しく書きたい同じ訓読みの漢字❷ …… 65
送りがなをまちがえやすい漢字❶ …… 66
送りがなをまちがえやすい漢字❷ …… 67
正しく書きたい同じ音読みの熟語《じゅくご》❶ …… 68
正しく書きたい同じ音読みの熟語❷ …… 69
正しく書きたい同じ音読みの熟語❸ …… 70
正しく書きたい同じ音読みの熟語❹ …… 71
正しく書きたい四字熟語❶ …… 72
正しく書きたい四字熟語❷ …… 73
正しく書きたい都道府県❶ …… 74
正しく書きたい都道府県❷ …… 75
正しく読みたい熟字訓《じゅくじくん》 …… 76
覚えておきたい中学で習う音訓 …… 77
まちがえずに書こう❶ …… 78
まちがえずに書こう❷ …… 79

◆別冊《べっさつ》　解答《かいとう》と解説

この本の特長と使い方

〈学年別問題〉で小学6年分の漢字の読み書きを復習《ふくしゅう》!

学年別の漢字の復習ページでは、小学6年分の漢字をすべて出題しています。ひととおりササッと解《と》いて、覚えていない漢字を復習しましょう。

まちがえやすい読みの問題です。

書きの問題です。各学年の漢字をすべて出題しています。

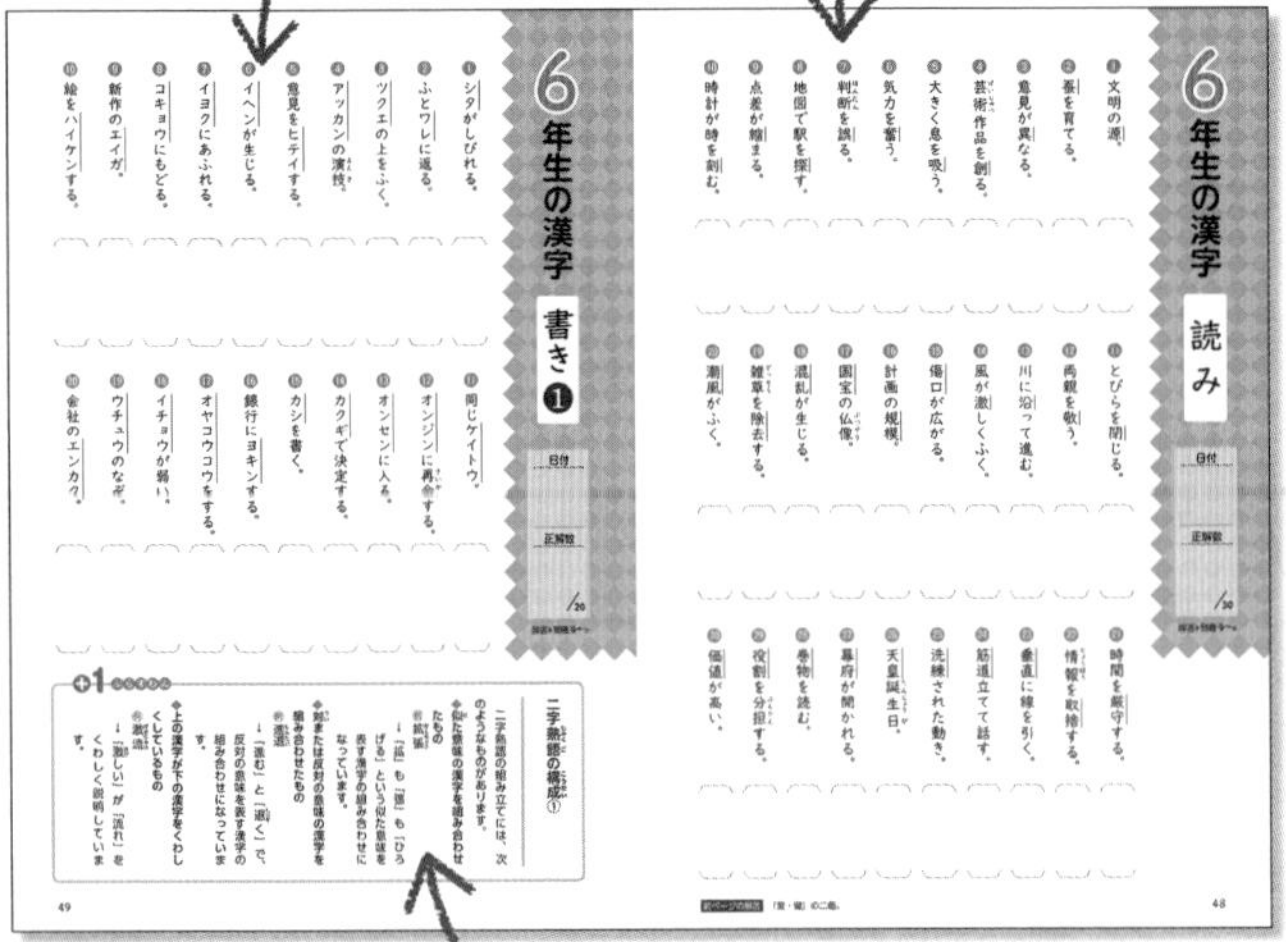

「送りがなの送り方」や「熟語《じゅくご》の構成《こうせい》」など、役立つ情報《じょうほう》がいっぱいのコラムです。

〈テーマ別問題〉で漢字の正しい使い方を確認《かくにん》!

「テーマで覚える復習問題」では、「同じ訓読み」や「四字熟語」「都道府県」など、それぞれのテーマにそって漢字を出題しています。注意しながらしっかり解いて、漢字の正しい使い方を身につけましょう。

「同じ部首」「送りがなをまちがえやすい」「同じ訓読み」「同じ音読み」「四字熟語」「都道府県」など、いろいろなテーマ別の問題です。

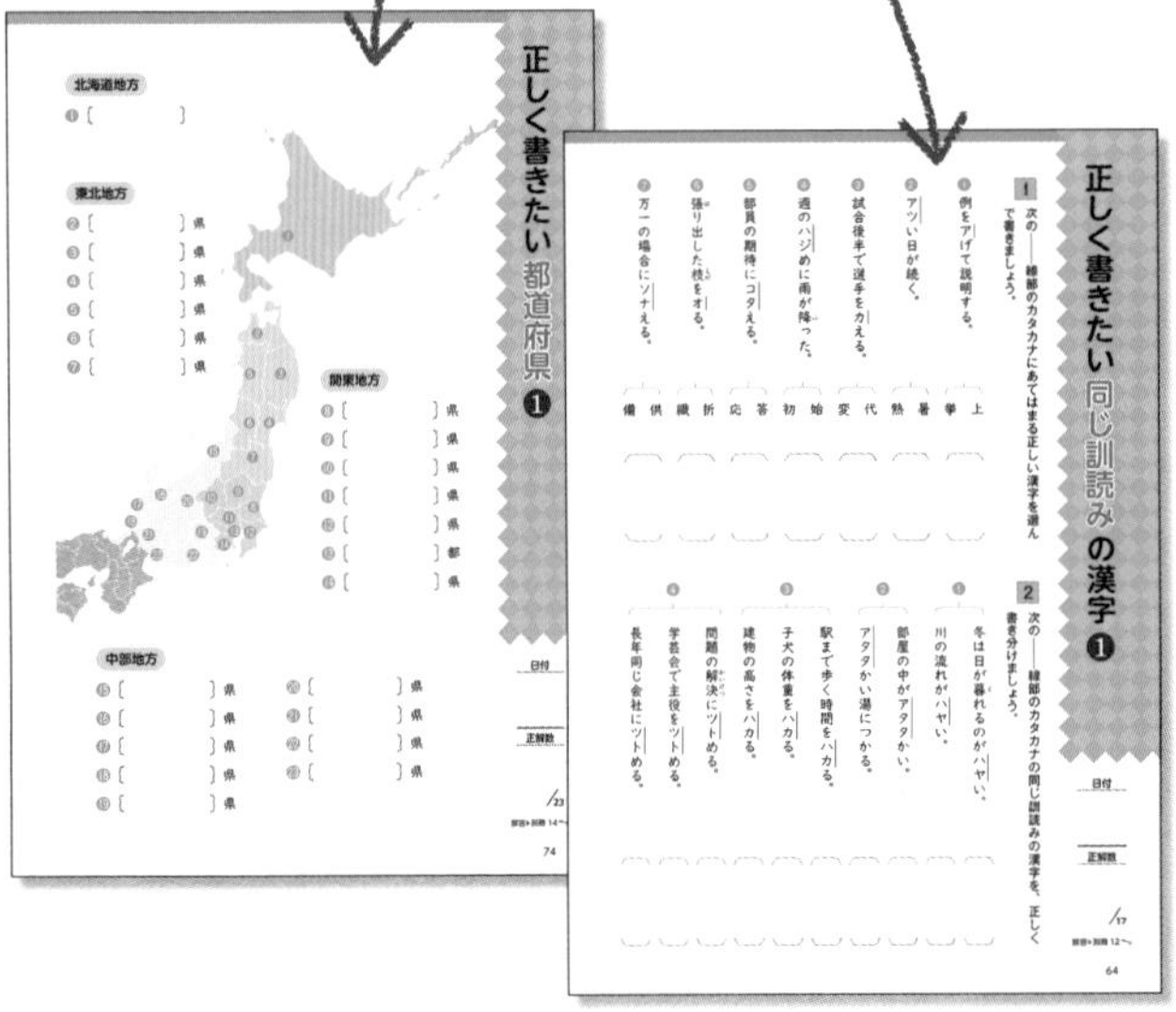

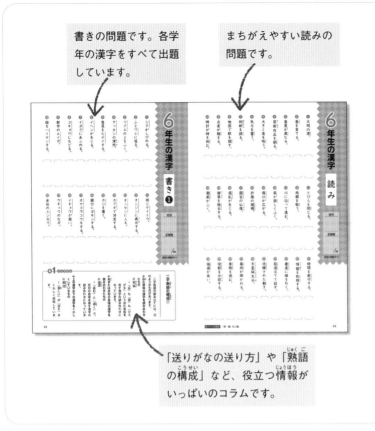

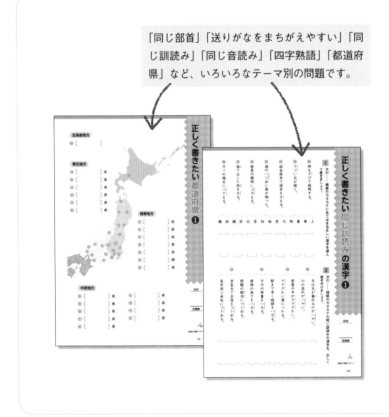

1年生の漢字

1年生で学ぶ漢字 80字

一	右	雨	円	王	音	下	火	花	貝
学	気	九	休	玉	金	空	月	犬	見
五	口	校	左	三	山	子	四	糸	字
耳	七	車	手	十	出	女	小	上	森
人	水	正	生	青	夕	石	赤	千	川
先	早	草	足	村	大	男	竹	中	虫
町	天	田	土	二	日	入	年	白	八
百	文	木	本	名	目	立	力	林	六

数字を表す漢字が
十二個《こ》あるよ。
探《さが》してみよう。

解答《かいとう》は次ページ。

1年生の漢字

読み

日付

正解数《せいかい》

/30

解答▶別冊《べっさつ》2ページ

1 一つある。

2 二つに分ける。

3 三つ数える。

4 四つ目の駅。

5 五つのお祝い。

6 六つの物語。

7 七つの海。

8 八つ当たりする。

9 荷物が九つある。

10 百も承知《しょうち》だ。

11 声が小さい。

12 期待が大きい。

13 白い雲がうかぶ。

14 赤い花がさく。

15 正しい行い。

16 友達の名を呼《よ》ぶ。

17 背後《はいご》が気になる。

18 右を向く。

19 左に曲がる。

20 針《はり》に糸を通す。

21 円になる。

22 窓《まど》の下をのぞく。

23 家の外に出る。

24 野球部に入る。

25 部活動を休む。

26 早く帰る。

27 男女に分かれる。

28 森林を散歩する。

29 町立の美術館《びじゅつかん》。

30 文字を書く。

前ページの解答 「一・二・三・四・五・六・七・八・九・十・百・千」の十二個《こ》。

1年生の漢字 書き❶

日付

正解数

/20

解答▶別冊2ページ

1 ジュウの位の数。
2 センに一つもない。
3 小さなカワで泳ぐ。
4 ヤマをこえて進む。
5 キが育つ。
6 クサが生える。
7 星空をミる。
8 アメが降《ふ》る。
9 ソラが明るくなる。
10 カイがらを拾う。

11 イシにつまずく。
12 タケを切る。
13 タんぼのいね。
14 畑のツチを耕《たがや》す。
15 ホンを読む。
16 国のオウになる。
17 チカラを加える。
18 ユウヒがしずむ。
19 テアシを動かす。
20 ハナビをする。

+1 ぷらすわん

漢字を正しく書くコツ

漢字は、字形をしっかり覚えて、正しく書くようにしましょう。正しく書くには、次のようなコツがあります。

◆えんぴつを正しく持つ

えんぴつを正しく持つことで、よけいな力がはたらくことなく、きれいな字を書くことができます。

◆とめ・はね・はらいに気をつけて書く

とめるのか、はねるのか、はらうのか、一画一画正しい字形で書くようにします。

◆字形のバランスを考えて書く

「上」なら△、「下」なら▽のように、おおまかな形をとらえて、その中に収《おさ》まるようにバランスを考えながら書くようにします。

1年生の漢字

書き ❷

日付

正解数

/20

解答▶別冊2ページ

① 海がアオくかがやく。
② ツキをながめる。
③ テンをあおぐ。
④ バケツにミズをくむ。
⑤ ムシの鳴き声がする。
⑥ イヌを飼《か》う。
⑦ うさぎのミミは長い。
⑧ メを疑《うたが》う。
⑨ クチをはさむ。
⑩ かわいいコ。
⑪ 多くのヒトがいる。
⑫ かすかなオトがする。
⑬ クルマに乗る。
⑭ おカネをかせぐ。
⑮ ムラで祭りがある。
⑯ 箱のナカを調べる。
⑰ 屋根のウエにあがる。
⑱ おトシダマをもらう。
⑲ ガッコウに行く。
⑳ センセイと話す。

+1 ぷらすわん

まちがえやすい漢字の部分

漢字には似《に》た字形のものがあるので、次の部分に注意して書き分けるようにしましょう。

◆点を打つか打たないか
㊐ 点を打つ↓玉
　点を打たない↓王

◆横棒《よこぼう》があるかないか
㊐ 横棒がある↓本
　横棒がない↓木

◆はねるかはねないか
㊐ はねる↓見
　はねない↓貝

◆どちらの横画が長いか
㊐ 下の横画が長い↓土
　上の横画が長い↓士

◆つきぬけるかつきぬけないか
㊐ つきぬける↓力
　つきぬけない↓刀

◆くっつけるかくっつけないか
㊐ くっつける↓今
　くっつけない↓分

2年生の漢字

2年生で学ぶ漢字 160字

引 羽 雲 園 遠 何 科 夏 家 歌
画 回 会 海 絵 外 角 楽 活
間 丸 岩 顔 汽 記 帰 弓 牛 魚
京 強 教 近 兄 形 計 元 言
原 戸 古 午 後 語 工 公 広 交
光 考 行 高 黄 合 谷 国 黒
今 才 細 作 算 止 市 矢 姉 思
紙 寺 自 時 室 社 弱 首 秋
週 春 書 少 場 色 食 心
新 親 図 数 西 声 星 晴 切 雪 船
線 前 組 走 多 太 体 台 地
池 知 茶 昼 長 鳥 朝 直 通 弟
店 点 電 刀 冬 当 東 答 頭 同
道 読 内 南 肉 馬 売 買 麦
半 番 父 風 分 聞 米 歩 母
方 北 毎 妹 万 明 鳴 毛 門 夜
野 友 用 曜 来 里 理 話

解答は次ページ。

2年生の漢字

読み

日付

正解数

/30

解答▶別冊2ページ

1 角を曲がる。

2 後回しにする。

3 言づけを伝える。

4 電車が止まる。

5 道具を用いる。

6 遠くを見つめる。

7 年を数える。

8 丸い月が出る。

9 道が交わる。

10 親しい友人。

11 思いを記す。

12 学校の前を通る。

13 試合の半ば。

14 千羽づるを折る。

15 仲のよい一家。

16 知人と会う。

17 大切な思い出。

18 気楽に過《す》ごす。

19 広大な土地。

20 外出をひかえる。

21 元日の天気。

22 新聞を読む。

23 寺社に参拝《さんぱい》する。

24 兄弟で遊ぶ。

25 細工をほどこす。

26 美しい絵画。

27 昼夜走り続ける。

28 明朝に出発する。

29 考古学の先生。

30 魚市場に行く。

前ページの解答　「丸・弓・工・才・万」の五個。

2年生の漢字 書き①

日付

正解数　／20

解答▶別冊3ページ

1 ハネを広げる。

2 ナツが終わる。

3 考えがフルい。

4 ヒロい道に出る。

5 星がヒカる。

6 海水浴にイく。

7 ハルヤスみになる。

8 フユヤスみが始まる。

9 コザカナを食べる。

10 オンガクをかなでる。

11 カッキがある。

12 マイニチの習慣《しゅうかん》。

13 ガンセキが落下する。

14 キシャに乗る。

15 文章をインヨウする。

16 ウンカイを見下ろす。

17 コウエンで遊ぶ。

18 エンキン法を用いる。

19 ナンテンも試着する。

20 リカの授業《じゅぎょう》。

+1 ぷらすわん

漢字の筆順①

漢字は、ふつう次の二つの原《げん》則《そく》に従《したが》って書きます。ただし例外もあるので、一字一字しっかり覚えましょう。漢字を正しい筆順で書くことは、整った字を書くことにつながります。

◆上から下に書く

例 三…一→二→三
工…一→丅→工
客…宀→宊→客

◆左から右に書く

例 川…丿→川→川
外…タ→外
側…亻→俱→側

※例外として、「辶（しんにょう）」と「廴（えんにょう）」はあとに書きます。

例 道…首→道
建…聿→建

※漢字には、一つの漢字に複数《ふくすう》の筆順が認《みと》められているものもあります。

2年生の漢字 書き❷

日付

正解数

/20

解答▶別冊3ページ

1 イエにもどる。

2 かべにエをかく。

3 予定をカンガえる。

4 タカい山に登る。

5 手をアわせる。

6 クロい服を着る。

7 ニッキをつける。

8 サンカクの形の石。

9 アマドを閉《し》める。

10 ゴガクの専門《せんもん》家《か》。

11 タニガワの流れ。

12 ヒトザトはなれた所。

13 象《ぞう》のオヤコ。

14 運航《うんこう》をキュウシする。

15 美しいウタゴエ。

16 漢字のカクスウ。

17 調査《ちょうさ》にカイトウする。

18 カイワを続ける。

19 ジカンが過《す》ぎる。

20 面積をケイサンする。

+1 ぷらすわん

漢字の筆順②

漢字の筆順には、さらに次のような原則《げんそく》があります。

◆横画・縦《たて》画の順に書く

例 十…一→十

大…一→ナ→大

井…二→ニ→丰→井

◆真ん中は左右より先に書く

例 小…亅→⺌→小

水…亅→水→水

◆囲《かこ》む形は先に書く

例 国…丨→冂→国→国

同…丨→冂→同

◆左はらいを先に書く

例 人…ノ→人

父…八→父→父

◆つらぬく画は最後に書く

例 中…丨→口→口→中

子…フ→了→子

◆横画と左はらいは、短いほうを先に書く

例 右…ノ→ナ→右

左…一→ナ→左

2年生の漢字

書き③

日付

正解数

/20

解答▶別冊3ページ

1. 部屋のソトに出る。
2. カオを赤くする。
3. コマかい作業。
4. 夏休みのオモい出。
5. ミズから進み出る。
6. 数がスクない。
7. 大阪シリツの図書館。
8. テガミを書く。
9. アシクビを動かす。
10. チュウシュウの名月。
11. センシュウの新聞。
12. ハッサイの誕生日《たんじょうび》。
13. ニシビが差す。
14. ユミヤを用いる。
15. ギュウニクを買う。
16. トウキョウに行く。
17. 音のキョウジャク。
18. キョウシツの中。
19. ズケイの面積。
20. 来月にキコクする。

+1 ぷらすわん

漢字の筆順③

次のものについては、先に述《の》べた原則《げんそく》の例外となります。

◆**例外として、縦《たて》画を横画より先に書く漢字**

例 田…冂→冂→円→田
　王…一→丅→干→王

◆**例外として、真ん中をあとに書く漢字**

例 火…丶→丷→⺌→火
　快…丶→丷→忄→快

◆**例外として、囲《かこ》む形をあとに書く漢字**

例 医…一→矢→医

二年生で学習する次の漢字については、筆順をまちがえやすいので注意しましょう。

万…一→万→万
心…丶→心→心→心
母…乚→母→母→母
馬…丨→厂→F→F→馬→馬

2年生の漢字 書き④

日付

正解数

/20

解答▶別冊3ページ

1 アニは中学生だ。
2 オトウトは小学生だ。
3 アネにしかられる。
4 イモウトは幼《おさな》い。
5 空がハれる。
6 ひもがキれる。
7 うでをクむ。
8 校庭をハシる。
9 ホシゾラを見上げる。
10 新幹線《しんかんせん》のシャナイ。
11 ヨウビをまちがえる。
12 ナマエを答える。
13 タイリョクがある。
14 ジモトの野菜。
15 シンセツが積もる。
16 ノハラをかけ回る。
17 ゴゴの予定。
18 図画コウサクの時間。
19 コウツウの便がよい。
20 キイロいチョウ。

+1 ぷらすわん

送りがな①（動詞《どうし》）

あとに続くことばによって形が変わることばを漢字で書くときは、ふつう送りがなが必要となります。

◆動きを表すことば（動詞）の送りがな

原則《げんそく》として、形が変わる部分から送りがなをつけます。

㊟帰る→・帰らない
・帰ります
・帰る
・帰れば
・帰ろう

ほかに仲間のことばがあるものは、そのことばの送りがなのつけ方にそろえます。

㊟強める（強い）

※例外として、読みまちがえやすいものなどは、変わる前の部分から送りがなをつけます。

㊟教わる・逆《さか》らう

2年生の漢字 書き⑤

日付

正解数

/20

解答▶別冊3ページ

1 テラの行事。
2 問題がオオい。
3 フトい線で囲《かこ》む。
4 新たなことをシる。
5 話がナガい。
6 イチガンとなる。
7 ボクトウをふる。
8 セントウに立つ。
9 学校のセイモン。
10 フナデを祝う。
11 ニチベイの貿易《ぼうえき》。
12 ケイトで編《あ》む。
13 シャカイを学ぶ。
14 ドクショをする。
15 ライジョウした人人。
16 チョウショクの準備《じゅんび》。
17 ホウゲンで話す。
18 チョクセンを引く。
19 タイフウが発生する。
20 デンチがなくなる。

+1 ぷらすわん

送りがな②（形容詞《けいようし》・形容動詞《けいようどうし》）

◆「い」で終わることば（形容詞）の送りがな

原則《げんそく》として、形が変わる部分から送りがなをつけます。

㊀近い・遠い

「しい」で終わることばの場合、「し」から送りがなをつけます。

㊀楽しい・親しい

※例外となるものもあります。

㊀小さい・少ない

◆「だ」「です」で終わることば（形容動詞）の送りがな

原則として、「だ」「です」を送ります。

㊀主《おも》だ・急です

「か」「やか」「らか」をふくむことばの場合、その部分から送りがなをつけます。

㊀細やかだ・高らかだ

※例外となるものもあります。

㊀同じだ・新ただ

2年生の漢字 書き⑥

日付

正解数　／20

解答▶別冊3ページ

① 明日のヒルの予定。
② ミセで買い物をする。
③ オナじものを買う。
④ 声がキこえる。
⑤ 表情《ひょうじょう》がアカるい。
⑥ 笛がナる。
⑦ ハクチョウの飛来。
⑧ バシャに乗る。
⑨ 円のチュウシン。
⑩ ヨナカに目が覚める。
⑪ ユウジンと出かける。
⑫ コンゲツの平均《へいきん》気温。
⑬ イチマン円の服。
⑭ ムギチャを飲む。
⑮ トウバンの仕事。
⑯ ホドウを横切る。
⑰ ナンボクにのびる道。
⑱ 商品をバイバイする。
⑲ ハンブンにする。
⑳ フボの故郷《こきょう》。

+1 ぷらすわん

送りがな③（名詞《めいし》・副詞《ふくし》・連体詞《れんたいし》）

◆ものの名前を表すことば（名詞）の送りがな

原則《げんそく》として、送りがなはつけません。

例 花・絵・物語・合図

動きを表すことばや様子を表すことばからできたことばには、送りがなをつけます。

例 晴れ（晴れる）

※例外として、読みまちがえやすいものなどは、送りがなをつけます。

例 後ろ・幸い・辺り

◆ほかのことばをくわしくすることば（副詞・連体詞）の送りがな

原則として、最後の音を送りがなとしてつけます。

例 必ず・最も

※例外となるものもあります。

例 大いに・明くる

3年生の漢字

3年生で学ぶ漢字

200字

悪 安 暗 医 委 意 育 員 院 飲 運 泳 駅 央 横
屋 温 化 荷 界 開 階 寒 感 漢 館 岸 起 期 客
究 急 級 宮 球 去 橋 業 曲 局 銀 区 苦 具 君
係 軽 血 決 研 県 庫 湖 向 幸 港 号 根 祭 皿
仕 死 使 始 指 歯 詩 次 事 持 式 実 写 者 主
守 取 酒 受 州 拾 終 習 集 住 重 宿 所 暑 助
昭 消 商 章 勝 乗 植 申 身 神 真 深 進 世 整
昔 全 相 送 想 息 速 族 他 打 対 待 代 第 題
炭 短 談 着 注 柱 丁 帳 調 追 定 庭 笛 鉄 転
都 度 投 豆 島 湯 登 等 動 童 農 波 配 倍 箱
畑 発 反 坂 板 皮 悲 美 鼻 筆 氷 表 秒 病 品
負 部 服 福 物 平 返 勉 放 味 命 面 問 役 薬
由 油 有 遊 予 羊 洋 葉 陽 様 落 流 旅 両 緑
礼 列 練 路 和

解答は次ページ。

3年生の漢字

読み

日付

正解数

/30

解答▶別冊4ページ

1 紙の表と裏《うら》。
2 花の都を楽しむ。
3 水が氷になる。
4 病が治る。
5 真意を問う。
6 責任《せきにん》を負う。
7 高い山に登る。
8 つまずいて転ぶ。
9 矢を放つ。
10 研究を重ねる。

11 体を反らす。
12 作戦を練る。
13 平らにする。
14 不幸中の幸い。
15 全くわからない。
16 安い商品を探《さが》す。
17 雨宿りをする。
18 川岸に立つ。
19 方向を確《たし》かめる。
20 去年のこと。

21 苦楽を共にする。
22 書類を受理する。
23 明暗が分かれる。
24 祭日の行事。
25 するどい犬歯。
26 全員が起立する。
27 真心をこめる。
28 期待をかける。
29 大金を所持する。
30 横着な態度《たいど》。

前ページの解答　「級・終・緑・練」の四個。

3年生の漢字

書き①

日付

正解数

/20

解答▶別冊4ページ

1 木のハがまう。

2 冬のサムい朝。

3 空がクラくなる。

4 ニガい薬を飲む。

5 マツりが行われる。

6 エキマエにある公園。

7 町のチュウオウ。

8 ヨコガオをながめる。

9 オクジョウで休む。

10 キオンが下がる。

11 ニカイに上がる。

12 カンジを書く。

13 カイガンを歩く。

14 キジツを決める。

15 キャクマを片付《かたづ》ける。

16 天候がアッカする。

17 アンゼンに注意する。

18 結果のハッピョウ。

19 イシャにかかる。

20 カミサマをまつる。

＋1 ぷらすわん

部首①

漢字を構成《こうせい》している共通の部分を部首といいます。部首は、大きく次の七つに分類されます。

①**へん**（**偏**《へん》）
左側の部分。

②**つくり**（**旁**《つくり》）
右側の部分。

③**かんむり**（**冠**《かんむり》）
上の部分。

④**あし**（**脚**《あし》）
下の部分。

⑤**たれ**（**垂**《たれ》）
上から左下の部分。

⑥**にょう**（**繞**《にょう》）
左側から下の部分。

⑦**かまえ**（**構**《かまえ》）
中心を囲《かこ》む部分。

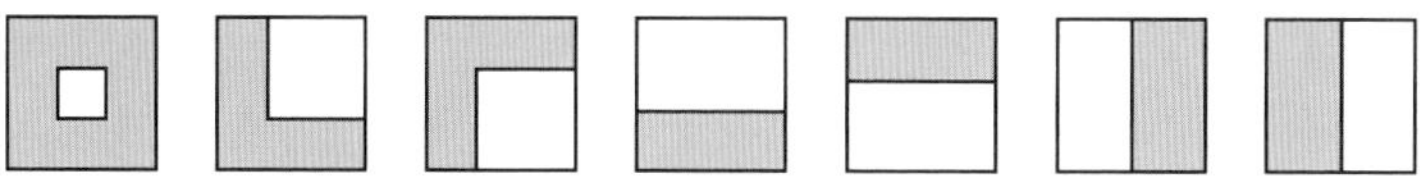

3年生の漢字

書き②

日付

正解数

/20

解答▶別冊4ページ

1 水をノむ。
2 帰りをイソぐ。
3 夏がサる。
4 自立心をハグクむ。
5 オウキュウを観光する。
6 校歌のサッキョク。
7 ギンコウの前を通る。
8 チクの再開発《さいかいはつ》。
9 メイクンの功績《こうせき》。
10 ケンドウを整備《せいび》する。
11 シャコを建てる。
12 コスイ地方を旅する。
13 クウコウに着く。
14 オヤユビを立てる。
15 サカミチを下る。
16 カンソウを述《の》べる。
17 車をウンテンする。
18 ケンキュウを進める。
19 ソクドを守る。
20 ことばのイミ。

+1 ぷらすわん

部首②

次の「へん（偏《へん》）」の漢字を覚えておきましょう。

◆にんべん（亻）　例 休・住
◆ぎょうにんべん（彳）　例 役・往《おう》
◆ごんべん（言）　例 話・記
◆さんずい（氵）　例 海・泳
◆きへん（木）　例 林・根
◆いとへん（糸）　例 絵・練
◆てへん（扌）　例 持・指
◆こざとへん（阝）　例 院・階
◆のぎへん（禾）　例 秋・秒
◆けものへん（犭）　例 犯《はん》・独《どく》
◆りっしんべん（忄）　例 快《かい》・情《じょう》
※「心」を意味する部首。
◆にくづき（月）　例 腹《はら》・胸《むね》
※「体」に関係する部首。
◆しめすへん（ネ）　例 社・福
◆ころもへん（衤）　例 複《ふく》・補《ほ》
※「しめすへん」と「ころもへん」は形が似《に》ていてまちがえやすいので注意しましょう。

3年生の漢字

書き ❸

日付

正解数

/20

解答▶別冊 4ページ

① 朝早くオきる。
② 海でオヨぐ。
③ とびらをヒラく。
④ 気がカルくなる。
⑤ かばんがオモい。
⑥ シを読む。
⑦ 料理をコザラにとる。
⑧ キゴウで答える。
⑨ マエバが見える。
⑩ セイシキな手続き。
⑪ 町にあるサカバ。
⑫ キュウシュウ地方。
⑬ 駅にシュウゴウする。
⑭ 部屋のジュウニン。
⑮ ショチュウ見まい。
⑯ シギョウのチャイム。
⑰ シゴトが終わる。
⑱ 自分のタンショ。
⑲ シャシンをとる。
⑳ シュクダイをすます。

+1 ぷらすわん

部首③

次の「つくり（旁《つくり》）」の漢字を覚えておきましょう。

◆りっとう（刂）　例 列・別
※「刀」を意味する部首。
◆おおざと（阝）　例 部・都
※「こざとへん」と形が同じなので注意しましょう。右側にあるときは「つくり」で「おおざと」となります。
◆とます（斗）　例 料
※「科」の部首は「のぎへん」。
◆おおがい（頁）　例 頭・顔
◆ちから（力）　例 助・動
◆ふるとり（隹）　例 難《なん》
※「集」の部首も「ふるとり」。
◆あくび（欠）　例 歌・欲《よく》
◆みる（見）　例 親・観
◆すん（寸）　例 対・射《しゃ》
◆おのづくり（斤）　例 新・断《だん》
◆るまた（殳）　例 殺《さつ》・段《だん》
◆さんづくり（彡）　例 形

3年生の漢字 書き④

日付

正解数

/20

解答▶別冊 4ページ

1 目標をキめる。
2 金魚がシぬ。
3 道具をツカう。
4 努力がミノる。
5 新しいカカリになる。
6 ジョゲンをする。
7 水でショウカする。
8 ショウテンを営《いとな》む。
9 ブンショウを書く。
10 バスへのジョウシャ。
11 シンタイの健康。
12 シンカイにすむ魚。
13 ムカシバナシをする。
14 キュウソクをとる。
15 カゾクで出かける。
16 シュヤクを務《つと》める。
17 ショウブがつく。
18 ショウワの事件《じけん》。
19 セイレツして待つ。
20 セカイの人人。

+1 ぷらすわん

部首④

次の「かんむり（冠《かんむり》）」の漢字を覚えておきましょう。

◆うかんむり（宀）例家・室・宮
※「家」や「屋根」に関係する部首。
◆くさかんむり（艹）例花・草・薬
※「植物」に関係する部首。
◆あなかんむり（穴）例空・究
※「空」や「究」の部首を「うかんむり」とする場合もあります。
◆おいかんむり（耂）例考・老
※「老人」に関係する部首。
◆たけかんむり（⺮）例答・第
◆はつがしら（癶）例登・発
※「行くこと」に関係する部首。
◆あみがしら（罒）例置・署《しょ》
◆なべぶた（亠）例交・京
◆わかんむり（冖）例写
◆あめかんむり（雨）例雲・雪

3年生の漢字

書き⑤

日付

正解数

/20

解答▶別冊5ページ

1 目的地にムかう。
2 決まりをマモる。
3 本を手にトる。
4 大学にウかる。
5 優勝《ゆうしょう》にツぐ成果。
6 タニンを気にしない。
7 ダイリの人と話す。
8 ダイイチに考える。
9 セキタンを運ぶ。
10 ウワギをぬぐ。
11 イッチョウのとうふ。
12 テチョウに記入する。
13 コウテイで遊ぶ。
14 キテキの音がする。
15 トカイに出る。
16 先生にソウダンする。
17 コウフクに暮《く》らす。
18 提案《ていあん》にハンタイする。
19 テッキョウをわたる。
20 トウキュウの練習。

＋1 ぷらすわん

部首⑤

次の「あし（脚《あし》）」の漢字を覚えておきましょう。

◆れっか・れんが（灬）　例点・熱
※「火」を意味する部首。
◆こころ（心）　例思・意
◆ひとあし（儿）　例先・兄
◆にじゅうあし（廾）　例弁《べん》
◆みず（水）　例泉《いずみ》
◆さら（皿）　例益《えき》・盛《も（る）》

次の「たれ（垂《たれ》）」の漢字を覚えておきましょう。

◆まだれ（广）　例店・度
※「家」や「屋根」に関係する部首。
◆がんだれ（厂）　例原・厚《あつ（い）》
※「がけ」や「岩石」などに関係する部首。
◆しかばね（尸）　例屋・局
◆やまいだれ（疒）　例病・痛《つう》

3年生の漢字

書き⑥

日付

正解数

/20

解答▶別冊5ページ

1 ごみをヒロう。
2 物語がオわる。
3 木をウえる。
4 試合をモウしこむ。
5 ダイズを育てる。
6 タハタを耕《たがや》す。
7 ノウカの仕事。
8 ホントウに向かう船。
9 数がニバイになる。
10 ユゲが立つ。

11 トザンをする。
12 ドウワを読む。
13 コンキよく続ける。
14 デンパが届《とど》く。
15 コクバンに字を書く。
16 図書イインになる。
17 ニモツをまとめる。
18 ハナヂが出る。
19 ユウグを設置《せっち》する。
20 ビョウインに行く。

+1 ぷらすわん

部首⑥

次の「にょう（繞《にょう》）」の漢字を覚えておきましょう。

◆しんにょう（⻌）例道・送

※「道」などに関係する部首。

◆えんにょう（廴）例建・延《えん》

※「道」や「のばすこと」に関係する部首。

◆そうにょう（走）例起

次の「かまえ（構《かまえ》）」の漢字を覚えておきましょう。

◆くにがまえ（囗）例国・園

◆かくしがまえ（匸）例医・区

◆もんがまえ（門）例間・開

◆ぎょうがまえ（行）例街・術《じゅつ》

※「街」や「術」の部首を「ぎょうにんべん」とする場合もあります。

◆つつみがまえ（勹）例包

※場合により、部首名や部首の分類が異《こと》なることがあります。

3年生の漢字

書き 7

日付

正解数

/20

解答▶別冊 5ページ

1 まっすぐにススむ。

2 球をウつ。

3 気長にマつ。

4 地図でシラべる。

5 水をソソぐ。

6 ウツクしい景色。

7 ヒニクを言う。

8 マイビョウ進む速さ。

9 みごとなテジナ。

10 重要なブブン。

11 ヘントウに困《こま》る。

12 ベンキョウをする。

13 セイメイの起源《きげん》。

14 ガッキュウ会を開く。

15 ジドウシャの製造《せいぞう》。

16 ビョウドウに接《せっ》する。

17 フデバコを開ける。

18 ヤッキョクで働く。

19 番組をホウソウする。

20 ヨウフクを選ぶ。

＋1 ぷらすわん

漢字の画数

続けて書く画や分けて書く画に注意して、漢字の画数を確《たし》かめておきましょう。

◆**続けて書く画**

㊞ しんにょうの二画目 …、→⻌→辶

◆**分けて書く画**

㊞ こざとへん・おおざとの一・二画目…ㄱ→阝→阝

◆**画数をまちがえやすい漢字**

㊞ 子（三画）…ㄱ→了→子

※一・二画目は分けて書く。

㊞ 汽（七画）…氵→氵→氵→汽→汽

※最後の画は続けて書く。

㊞ 起（十画）…走→起→起→起

※八・九・十画目に注意。

㊞ 号（五画）…口→号→号

※最後の画は続けて書く。

㊞ 吸《きゅう》（六画）…口→叨→吸→吸

※五画目は続けて書く。

3年生の漢字

書き 8

日付

正解数

/20

解答▶別冊5ページ

1 犬のあとをオう。
2 資料《しりょう》をクバる。
3 カナしい物語。
4 かみなりがオちる。
5 キモちを伝える。
6 ガクモンにはげむ。
7 ジユウに生きる。
8 アブラエをかく。
9 ユウメイな人と会う。
10 ヨウモウをつむぐ。
11 タイヨウがかがやく。
12 シンリョクが芽ぶく。
13 チョウレイの時間。
14 ドウロを横切る。
15 デンチュウを立てる。
16 ヨテイを決める。
17 リュウヒョウの観測《かんそく》。
18 用紙のリョウメン。
19 リョカンにとまる。
20 レンシュウを重ねる。

+1 ぷらすわん

漢字の読み

漢字の読みには、音読みと訓読みがあります。

◆**音読み**
中国から伝わった発音をもとにした読み方。
㊎暑…ショ

◆**訓読み**
漢字の意味に日本語の読みをあてた読み方。
㊎暑…あつ（い）

二字の場合は「音＋音」「訓＋訓」の読みとなるのがふつうですが、次のような例外もあります。

◆**重箱読《じゅうばこ》み**
「音＋訓」の読み。
㊎客間（キャク＋ま）

◆**湯桶読《ゆとう》み**
「訓＋音」の読み。
㊎荷物（に＋モツ）

4年生の漢字

4年生で学ぶ漢字 202字

愛 案 以 衣 位 茨 印 英 栄 媛 塩 岡
億 加 果 貨 課 芽 賀 改 械 害 街 各
覚 潟 完 官 管 関 観 願 岐 希 季 旗
器 機 議 求 泣 給 挙 漁 共 協 鏡 競
極 熊 訓 軍 郡 群 径 景 芸 欠 結 建
健 験 固 功 好 香 候 康 佐 差 菜 最
埼 材 崎 昨 札 刷 察 参 産 散 残 氏
司 試 児 治 滋 辞 鹿 失 借 種 周 祝
順 初 松 笑 唱 焼 照 城 縄 臣 信 井
成 省 清 静 席 積 折 節 説 浅 戦 選
然 争 倉 巣 束 側 続 卒 孫 帯 隊 達
単 置 仲 沖 兆 低 底 的 典 伝 徒 努
灯 働 特 徳 栃 奈 梨 熱 念 敗 梅 博
阪 飯 飛 必 票 標 不 夫 付 府 阜 富
副 兵 別 辺 変 便 包 法 望 牧 末 満
未 民 無 約 勇 要 養 浴 利 陸 良 料
量 輪 類 令 冷 例 連 老 労 録

「力」がふくまれる
漢字が八個あるよ。
探してみよう。

解答は次ページ。

4年生の漢字

読み

日付

正解数

/30

解答▶別冊5ページ

1 共に行動する。
2 高い位につく。
3 管に水を通す。
4 守りの要の選手。
5 月が欠ける。
6 手間を省く。
7 同盟《どうめい》を結ぶ。
8 水に塩を加える。
9 単語を覚える。
10 最も重要な問題。

11 風で花が散る。
12 かつて栄えた町。
13 英気を養う。
14 老いても元気だ。
15 新聞を刷る。
16 関わりがある。
17 花束を作る。
18 気温が低下する。
19 求人の広告《こうこく》。
20 線路が分岐する。

21 手紙を清書する。
22 鏡台をみがく。
23 好意を寄《よ》せる。
24 島に固有の種。
25 チョウの大群。
26 家臣を従《したが》える。
27 表札をかかげる。
28 悲願を達成する。
29 資料《しりょう》を借用する。
30 包帯を巻《ま》く。

前ページの解答 「加・賀・協・功・努・働・勇・労」の八個。

4年生の漢字

書き①

日付

正解数

/20

解答▶別冊6ページ

1 イバラの道を進む。
2 シカが通りすぎる。
3 平和をネガう。
4 答えをモトめる。
5 アイヨウの道具。
6 カクジで判断《はんだん》する。
7 イドの水をくむ。
8 イフクを整理する。
9 色がヘンカする。
10 美しいフウケイ。

11 エイゴで話す。
12 円のチョッケイ。
13 エンブンをひかえる。
14 オオナワとびをする。
15 ガイチュウの退治《たいじ》。
16 イチを確《たし》かめる。
17 エイヨウのある食品。
18 駅のシュウヘン。
19 会議をケッセキする。
20 キカイを操作《そうさ》する。

+1 ぷらすわん

漢字の成り立ち①

漢字は成り立ちから、象形《しょうけい》文字・指事《しじ》文字・会意《かいい》文字・形声《けいせい》文字の四つに分類されます。

◆象形文字
物の形をそのままかたどった絵文字を、簡単《かんたん》な形に変えてできた漢字。
例 月（三日月の形をもとにしてできています）
川（流れる水の形をもとにしてできています）

◆指事文字
形に表しにくい事象や物事の関係などを、点や線などの記号によって表した漢字。
例 本（木の根元に印をつけて、「もと」という意味を表しています）
末（木の上のほうに印をつけて、「すえ」という意味を表しています）

4年生の漢字

書き❷

日付

正解数

/20

解答▶別冊6ページ

1 トチの実を拾う。
2 ナシを食べる。
3 子供《こども》のナキ顔。
4 大きな声でワラう。
5 カイテイにもぐる。
6 ギョギョウが栄える。
7 相手をシンヨウする。
8 ガッキを演奏《えんそう》する。
9 カンケイのある人物。
10 カモツ列車が走る。
11 カンゼンに理解《りかい》する。
12 キュウショクの時間。
13 キョウツウする事象《じしょう》。
14 クマデを買う。
15 クフウして作業する。
16 キセツがうつろう。
17 キボウをもつ。
18 グンタイに入る。
19 計画がシッパイする。
20 ケンコウに注意する。

+1 ぷらすわん

漢字の成り立ち②

◆会意《かいい》文字

二つ以上の漢字を組み合わせて新しい意味を表す漢字。

例 位…人〔ひと〕＋立〔たつ〕

→「人が立つ場所・くらい」という意味。

◆形声《けいせい》文字

意味を表す部分と音を表す部分を組み合わせてできた漢字。

例 標…〔き〕　〔ヒョウ〕

木（意味）＋票（音）

飯…〔たべる〕〔ハン〕

食（意味）＋反（音）

象形《しょうけい》文字・指事《しじ》文字・会意文字・形声文字の四つに、転注《てんちゅう》文字・仮借《かしゃ》文字の二つを加えた六つの分類を「六書《りくしょ》」といいます。「六書」のほかに、日本でできた漢字である「国字」もあります。

4年生の漢字

書き③

日付

正解数

/20

解答▶別冊6ページ

1. 魚がムれる。
2. 太陽の光をアびる。
3. オキの方へ流される。
4. グンと村のちがい。
5. ヒデりが続く。
6. 欠点をジカクする。
7. 校歌のガッショウ。
8. 行動をハンセイする。
9. トウヒョウの期日。
10. コッキをかかげる。
11. サンギョウの発展《はってん》。
12. 災害《さいがい》のゼンチョウ。
13. サクネンの流行。
14. コテンを学ぶ。
15. サイエンと呼《よ》ばれる。
16. 工場でロウドウする。
17. ホウレイを定める。
18. ザイリョウを集める。
19. 雑誌《ざっし》のフロク。
20. サベツをなくす。

+1 ぷらすわん

漢字の書体

漢字は、さまざまな書体で書かれます。

◆楷書《かいしょ》

点画をくずさずに書く書き方。線の一つ一つが独立《どくりつ》しているので、字形がわかりやすく読みやすい書体です。

例 初

◆行書《ぎょうしょ》

楷書の点画を続けたり少しくずしたりして書く書き方。

例 初

◆草書《そうしょ》

行書をさらにくずして、点画を続けて書く書き方。

例 初

※行書や草書は、楷書とは字形や筆順、総《そう》画数が異《こと》なることがあります。

4年生の漢字

書き④

日付

正解数

/20

解答▶別冊6ページ

❶ 商品をツツむ。

❷ 本をカりる。

❸ シカイを務《つと》める。

❹ シュウマツは休む。

❺ 事情《じじょう》をセツメイする。

❻ ジショで調べる。

❼ シゼンを保護《ほご》する。

❽ ムリをしない。

❾ シソンに伝える。

❿ ジドウ会の役員。

⓫ 住所とシメイを書く。

⓬ 時間をカンリする。

⓭ シュクジツの予定。

⓮ シュゲイを始める。

⓯ リクジョウにあがる。

⓰ ザンネンに思う。

⓱ 実験のケッカ。

⓲ シケンの勉強をする。

⓳ 計画がセイコウする。

⓴ 十五オミマンの者。

+1 ぷらすわん

漢和辞典の引き方

漢字の部首や音訓の読みを知りたいときには、漢和辞典で調べるようにしましょう。調べ方には、次の三つがあります。

◆音訓索引《さくいん》

読みがわかるときは、音訓索引で五十音順に並《なら》んでいる音訓の中から探《さが》します。

㊞芽…音読みの「ガ」か訓読みの「め」で探します。

◆部首索引

部首がわかるときは、部首索引で、部首を除《のぞ》いた部分の画数を数えて探します。

㊞芽…「くさかんむり（艹）」の部の五画の中から探します。

◆総画《そうかく》索引

読みも部首もわからないときは、漢字の総画数を数えて、その画数の中から探します。

4年生の漢字 書き 5

日付

正解数

/20

解答▶別冊6ページ

1 魚をヤく。
2 アサい海で泳ぐ。
3 テカガミを見る。
4 ジュンバンを守る。
5 ソツギョウを祝う。
6 スウリョウを比《くら》べる。
7 スバコを作る。
8 キョウリョクを得る。
9 ソウコの中に入る。
10 タイサに任命《にんめい》される。
11 つらいクンレン。
12 タンチョウな生活。
13 ドウトクの授業《じゅぎょう》。
14 トウダイの明かり。
15 テンコウがくずれる。
16 植物をカンサツする。
17 新聞をインサツする。
18 製品のカイリョウ。
19 センキョのポスター。
20 センソウを防《ふせ》ぐ。

+1 ぷらすわん

都道府県の漢字

四十七の都道府県の漢字は、小学校四年生までにすべて学習します。次のような点に注意して、正しく読み書きできるようにしっかり覚えましょう。

◆形の似《に》た漢字
例 埼と崎
※埼玉県の「埼」は「つちへん（土）」、宮崎県などの「崎」は「やまへん（山）」。

◆まちがえやすい漢字
例 新潟県の「潟」
→「臼」の字形に注意。
愛媛県の「媛」
→「爰」の部分の「ノ」を書き忘《わす》れないように注意。
大阪府の「阪」
→形が似ていて読みも同じである「坂」に注意。

◆まちがえやすい読み
例 茨城県…いばらきけん

4年生の漢字

書き ❻

1 川のキヨい流れ。
2 気温がヒクい。
3 トクテイの人物。
4 ドリョクを重ねる。
5 ナカマができる。
6 ナフダをつける。
7 ナラクの底。
8 ネンガのあいさつ。
9 費用《ひよう》をセッパンする。
10 文化庁《ぶんかちょう》のチョウカン。

11 ヘイリョクを集める。
12 ホッキョクを目指す。
13 町をサンポする。
14 ミギガワの道を進む。
15 学校をアンナイする。
16 大会にサンカする。
17 動物のシュルイ。
18 ネッタイの気候。
19 ヒツヨウな持ち物。
20 文書でデンタツする。

日付

正解数

/20

解答▶別冊6ページ

+1 ぷらすわん

対義語《たいぎご》

対義語は、意味が反対や対《つい》になっていることばです。形の上から、次のように分類できます。

◆それぞれの漢字が対になっているもの

㋑寒冷⇔温暖《おんだん》
拡大《かくだい》⇔縮小《しゅくしょう》

◆片方《かたほう》の漢字が対になっているもの

㋑最初⇔最後
予習⇔復習《ふくしゅう》

◆全体で対になるもの

㋑成功⇔失敗
原因《げんいん》⇔結果

◆「不・無・未・非《ひ》」などの打ち消しの字を用いて対になっているもの

㋑好調⇔不調
有力⇔無力
決定⇔未定

4年生の漢字

書き 7

日付

正解数

/20

解答▶別冊7ページ

1 体がカタまる。
2 多様性《たようせい》にトむ。
3 干《ひ》ガタの調査《ちょうさ》。
4 種子がハツガする。
5 メンセキを計算する。
6 レイブンを読む。
7 モクテキを果たす。
8 ユウキを出す。
9 開店祝いのハナワ。
10 ヤサイを育てる。
11 ユウハンの準備《じゅんび》。
12 ホウカゴの過《す》ごし方。
13 ジョウカマチの観光。
14 古いショウテンガイ。
15 ベンリな機能《きのう》。
16 サイショにもどる。
17 レンゾクして晴れる。
18 ユウボクミンの生活。
19 フシギなできごと。
20 ショウチクバイの絵。

+1 ぷらすわん

類義語《るいぎご》

類義語は、意味が似《に》ていることばです。形の上から、次のように分類できます。

◆片方《かたほう》の漢字が同じ漢字になっているもの

㋑感動＝感激《かんげき》
改良＝改善《かいぜん》

◆全体で同じような意味になるもの

㋑安全＝無事
方法＝手段《しゅだん》
用意＝準備《じゅんび》

類義語であっても、置きかえて意味が通じる場合と通じない場合があるので、使い分けに注意しましょう。

㋑進歩＝向上
技術《ぎじゅつ》が進歩する。
→技術が向上する。…〇
文明が進歩する。
→文明が向上する。…×

4年生の漢字 書き 8

日付

正解数 /20

解答▶別冊7ページ

1. コノみの本。
2. 花のカオりがする。
3. ロウジンと語り合う。
4. モクヒョウを決める。
5. シガ県の湖。
6. チスイ工事を行う。
7. 百イカの数。
8. オカヤマ県のもも。
9. サイタマ県に行く。
10. ナガサキ県の公園。
11. オクマン長者になる。
12. ケンコク記念の行事。
13. ハクブツカンの展示《てんじ》。
14. ヒコウキに乗る。
15. ヤクソクを守る。
16. レイセイに行動する。
17. ギフ県の古民家。
18. オオサカフの食文化。
19. トキョウソウに出る。
20. フクダイジンの任務《にんむ》。

+1 ぷらすわん

同音異義語《どうおんいぎご》・同訓異字《どうくんいじ》

漢字には、別の漢字でありながら同じ音読み、同じ訓読みのものがいくつかあります。読みが同じでも意味が異《こと》なることばに注意しましょう。

◆同音異義語

音読みが同じで意味が異なることばのことです。

例 照明…照らして明るくすること。

証明《しょうめい》…理由を示《しめ》して物事が真実であると明らかにすること。

◆同訓異字

訓読みが同じで意味が異なることばのことです。

例 成る…できあがる。

鳴る…音が出る。

友…友人。

共…いっしょ。

供《とも》…つき従《したが》う人。

5年生の漢字

5年生で学ぶ漢字 193字

圧 囲 移 因 永 営 衛 易 益 液 演 応
往 桜 可 仮 価 河 過 快 解 格 確 額
刊 幹 慣 眼 紀 基 寄 規 喜 技 義 逆
久 旧 救 居 許 境 均 禁 句 型 経 潔
件 険 検 限 現 減 故 個 護 効 厚 耕
航 鉱 構 興 講 告 混 査 再 災 妻 採
際 在 財 罪 殺 雑 酸 賛 士 支 史 志
枝 師 資 飼 示 似 識 質 舎 謝 授 修
述 術 準 序 招 証 象 賞 条 状 常 情
織 職 制 性 政 勢 精 製 税 責 績 接
設 絶 祖 素 総 造 像 増 則 測 属 率
損 貸 態 団 断 築 貯 張 停 提 程 適
統 堂 銅 導 得 毒 独 任 燃 能 破 犯
判 版 比 肥 非 費 備 評 貧 布 婦 武
復 複 仏 粉 編 弁 保 墓 報 豊 防 貿
暴 脈 務 夢 迷 綿 輸 余 容 略 領
歴 留

しんにょうの漢字が
六個あるよ。
探してみよう。

解答は次ページ。

5年生の漢字

読み

日付

正解数

/30

解答▶別冊7ページ

1 太い木の幹。

2 仮の話をする。

3 額にあせを流す。

4 高い志をもつ。

5 永いねむり。

6 快く引き受ける。

7 久しぶりの晴天。

8 色が混じる。

9 期日を限る。

10 時間を経る。

11 商売を営む。

12 畑をさくで囲う。

13 問題を解く。

14 別れを告げる。

15 居間のそうじ。

16 安易に考える。

17 大型の自動車。

18 慣例に従《したが》う。

19 逆風にたえる。

20 豊富な資源《しげん》。

21 自責の念。

22 余分な手間。

23 列車の編成。

24 大金を寄付する。

25 農地を耕作する。

26 悲喜こもごも。

27 夕方と夜の境目。

28 出場の許可。

29 殺風景な場所。

30 雑木林を歩く。

前ページの解答 「過・逆・述・造・適・迷」の六個。

5年生の漢字 書き❶

日付

正解数

/20

解答▶別冊7ページ

❶ 安全をササえる。

❷ 意見をノべる。

❸ ナサけない様子。

❹ 新しいジュウキョ。

❺ カフンが飛散する。

❻ アツリョクがかかる。

❼ 意見にサンセイする。

❽ インショウに残る。

❾ エキタイが気化する。

❿ カンゼイをかける。

⓫ カセツを証明《しょうめい》する。

⓬ アツギして出かける。

⓭ 川のカコウ。

⓮ 大きなセイリョク。

⓯ カンシャのことば。

⓰ キゲンを決める。

⓱ エイキュウに続く。

⓲ カイテキに過《す》ごす。

⓳ 駅と家のオウフク。

⓴ カカクを決める。

＋1 ぷらすわん

四字熟語《よじじゅくご》

漢字四字から成る四字熟語は、構成《こうせい》から次のように分類できます。

◆よく似《に》た意味の二字熟語の組み合わせ

㊀ 完全無欠（完全＝無欠）
公明正大（公明＝正大）

◆反対の意味の二字熟語の組み合わせ

㊀ 質疑応答《しつぎおうとう》（質疑↔応答）
針小棒大《しんしょうぼうだい》（針小↔棒大）

◆上の二字熟語が下の二字熟語に係る組み合わせ

㊀ 因果応報《いんがおうほう》（因果→応報）
前代未聞《ぜんだいみもん》（前代→未聞）

◆四つの漢字が対等に並《なら》んでいるもの

㊀ 花鳥風月《かちょうふうげつ》（花・鳥・風・月）
喜怒哀楽《きどあいらく》（喜・怒・哀・楽）

5年生の漢字

書き❷

日付

正解数

/20

解答▶別冊 7ページ

❶ 外出をユルす。
❷ 川の流れにサカらう。
❸ ケワしい山道。
❹ キホンを大切にする。
❺ 客をショウタイする。
❻ キョウカイ線を引く。
❼ 薬のコウカが出る。
❽ ギリを重んじる。
❾ 国をトウイツする。
❿ キョウミをもつ。

⓫ ケイケンを積む。
⓬ ゲイジュツへの理解《りかい》。
⓭ 権利《けんり》のシュチョウ。
⓮ ケッパクを証明《しょうめい》する。
⓯ ゲンインを調べる。
⓰ サイガイが発生する。
⓱ 車のセイゾウ工程《こうてい》。
⓲ キソクを守る。
⓳ キンクを口にする。
⓴ 理論《りろん》をコウチクする。

+1 ぷらすわん

故事成語《こじせいご》

中国の故事（昔あったこと）などをもとにしてできたことばを、故事成語といいます。故事成語には、次のようなものがあります。

㊎ 五十歩百歩《ごじっぽひゃっぽ》
少しのちがいはあっても、本質的《ほんしつてき》に差はないこと。

㊎ 漁夫の利《ぎょふのり》
第三者が利益《りえき》を横取りすること。

㊎ 他山の石《たざんのいし》
他人のどんな言動も、自分のためになるということ。

㊎ 大器晩成《たいきばんせい》
大人物《だいじんぶつ》はおくれて成功するということ。

㊎ 朝三暮四《ちょうさんぼし》
目先のちがいにとらわれて結果が同じことに気づかないこと。口先で人をだますこと。

5年生の漢字

書き ③

日付

正解数

/20

解答▶別冊 8ページ

1 時間がアマる。
2 失敗をセめる。
3 ヨロコびを感じる。
4 コウシャを建てる。
5 コベツに対応《たいおう》する。
6 二十セイキの歴史《れきし》。
7 ザイサンを築《きず》く。
8 ムチュウになる。
9 事実とダンテイする。
10 コエダを集める。
11 コイにぶつける。
12 シドウを受ける。
13 意見をサイヨウする。
14 社長フサイと会う。
15 シュウイを見わたす。
16 シュウガク旅行の日。
17 結果をホウコクする。
18 ゲンザイの時刻《じこく》。
19 ケンサを受ける。
20 コウシの職《しょく》につく。

+1 ぷらすわん

ことわざ

古くから言いならわされてきた、人生の教訓や生活のちえを表すことばを、ことわざといいます。ことわざには、動物や植物の登場するものがあります。

例 馬の耳に念仏《ねんぶつ》
人の意見をまったく聞き入れないこと。

例 立つ鳥あとをにごさず
立ち去るときに、後始末をきちんとすること。

例 犬も歩けば棒《ぼう》に当たる
行動を起こせば、幸運にあうことも災難《さいなん》にあうこともあるということ。

例 花より団子《だんご》
見かけだけのものよりも実際《じっさい》に役立つもののほうがよいということ。

例 青菜に塩
しょんぼりする様子。

5年生の漢字 書き④

日付

正解数

/20

解答▶別冊8ページ

❶ 消息がタえる。
❷ 手ぶくろをアむ。
❸ 部屋をカす。
❹ シュエイの見回り。
❺ フクザツな問題。
❻ ジュギョウを受ける。
❼ ショウキンをもらう。
❽ 警察官《けいさつかん》をシボウする。
❾ 小説をドクハする。
❿ ショクインを採用《さいよう》する。

⓫ シリョウを集める。
⓬ 広告《こうこく》をハイフする。
⓭ 城をサイケンする。
⓮ キュウコウを温める。
⓯ 真実のショウゲン。
⓰ 人命のキュウジョ。
⓱ サンソが不足する。
⓲ 実現《じつげん》がカノウだ。
⓳ ジョウケンを定める。
⓴ 進化のカテイ。

+1 ぷらすわん

慣用句《かんようく》

二つ以上のことばを結びつけて、もとの意味とは異《こと》なる意味を表すようになったことばを、慣用句といいます。慣用句には体の部分を表す漢字を用いたものが多いので、意味をしっかりおさえておきましょう。

◆「頭」を用いた慣用句
㊙頭が痛《いた》い・頭をかかえる

◆「顔」を用いた慣用句
㊙顔が広い・顔を立てる

◆「目」を用いた慣用句
㊙目が高い・目に余《あま》る

◆「鼻」を用いた慣用句
㊙鼻が高い・鼻で笑う

◆「手」を用いた慣用句
㊙手を結ぶ・手をこまねく

◆「足」を用いた慣用句
㊙足を運ぶ・足を洗《あら》う

◆「腹《はら》」を用いた慣用句
㊙腹をくくる・腹が黒い

5年生の漢字

書き⑤

日付

正解数

/20

解答▶別冊8ページ

❶ 土地をタガヤす。
❷ マズしい生活。
❸ キンガクを調べる。
❹ セイジを行う。
❺ セイセキが上がる。
❻ タンドクで行動する。
❼ セイフクを着る。
❽ ソウゴウして考える。
❾ ソシキの改革《かいかく》。
❿ 寺のホンドウ。
⓫ ソセンをたどる。
⓬ チョウカンが届《とど》く。
⓭ 正しいジュンジョ。
⓮ 罪《つみ》をハクジョウする。
⓯ 体重をソクテイする。
⓰ ソントクを考える。
⓱ 人口のゾウゲン。
⓲ 森林をホゴする。
⓳ 役者がエンギする。
⓴ 図表をテイジする。

+1 ぷらすわん

熟字訓《じゅくじくん》

「明日」を「あす」と読むように、漢字でできたことばに特別に訓読みをあてたもののことを、熟字訓といいます。小学校で習う熟字訓には、次のものがあります。一つ一つの熟字訓の読みを確《たし》かめておきましょう。

◆小学校で習う熟字訓

明日《あす》　大人《おとな》　母《かあ》さん
川原《かわら》　河原《かわら》　昨日《きのう》
今日《きょう》　果物《くだもの》　今朝《けさ》
景色《けしき》　今年《ことし》　清水《しみず》
上手《じょうず》　七夕《たなばた》　一日《ついたち》
手伝《てつだ》う　父《とう》さん　時計《とけい》
友達《ともだち》　兄《にい》さん　姉《ねえ》さん
博士《はかせ》　二十日《はつか》　一人《ひとり》
二人《ふたり》　二日《ふつか》　下手《へた》
部屋《へや》　迷子《まいご》　真面目《まじめ》
真《ま》っ赤《か》　真《ま》っ青《さお》　眼鏡《めがね》
八百屋《やおや》

5年生の漢字

書き ❻

1 部下をヒキいる。
2 新生活にナれる。
3 ユタかな自然。
4 手をショウドクする。
5 台風がセッキンする。
6 電話にオウトウする。
7 当選がカクテイする。
8 動物をシイクする。
9 高いサンミャク。
10 ニクガンで見える。
11 リエキを出す。
12 ジッサイの問題。
13 ネンリョウの補給《ほきゅう》。
14 シンカンセンに乗る。
15 テッコウセキを運ぶ。
16 ニガオエをかく。
17 ハンザイを防止《ぼうし》する。
18 店内がコンザツする。
19 ドウゾウを建てる。
20 作品のヒョウバン。

日付

正解数

/20

解答▶別冊8ページ

+1 ぷらすわん

同音異義語《どうおんいぎご》

五年生で学習する漢字を用いた同音異義語には、次のものがあります。使い分けができるようにしておきましょう。

◆「紀行《きこう》」と「気候」
紀行…旅行での体験などを書きつづった文章。
気候…ある地域《ちいき》の総合的《そうごうてき》な大気の状態《じょうたい》。

◆「解説《かいせつ》」と「開設《かいせつ》」
解説…物事をわかりやすく説明すること。
開設…新しい設備《せつび》などをつくること。

◆「仮定《かてい》」と「過程《かてい》」
仮定…仮《かり》に定めること。
過程…物事が進行して結果に至《いた》るまでの道筋《みちすじ》。

◆「個人《こじん》」と「故人《こじん》」
個人…ひとりの人。
故人…死んだ人。

5年生の漢字

書き ⑦

日付

正解数

/20

解答▶別冊8ページ

① 道にマヨう。
② 息をコロす。
③ ハザクラをながめる。
④ 場所をイドウする。
⑤ バスがテイシャする。
⑥ 会社にショゾクする。
⑦ 病気のヨボウ。
⑧ 部員がダンケツする。
⑨ ブッキョウの伝来。
⑩ ヘイキンの数値《すうち》。

⑪ 船がシュッコウする。
⑫ ブリョクを行使する。
⑬ 文章のショウリャク。
⑭ フジンフクの売り場。
⑮ テンケイテキな例。
⑯ 家でルスバンする。
⑰ ヒジョウシキな言動。
⑱ 水をヨウキに入れる。
⑲ 旅行のジュンビ。
⑳ ボウエキがさかんだ。

+1 ぷらすわん

同訓異字《どうくんいじ》

五年生で学習する漢字の同訓異字には、次のものがあります。漢字を書きまちがえないようにしましょう。

◆「河《かわ》」と「川」
河…特に大きな川。
川…一般的《いっぱんてき》な川。

◆「採《と》る」と「取る」
採る…集めとったり、選びとったりする。
取る…手に持つ。

◆「飼《か》う」と「買う」
飼う…動物を養い育てる。
買う…代金を支《し》はらって自分のものとする。

◆「在《あ》る」と「有る」
在る…場所に存在《そんざい》する。
有る…事物が存在する。

◆「経《へ》る」と「減《へ》る」
経る…時間がたつ。
減る…数量が少なくなる。

5年生の漢字

書き 8

日付

正解数

/20

解答▶別冊8ページ

1 よくコえた土地。

2 友人の家にヨる。

3 真面目なタイド。

4 ベンメイの余地《よち》はない。

5 問題のセイカイ。

6 ボゼンに花を供《そな》える。

7 本をシュッパンする。

8 毎月チョキンする。

9 店をエイギョウする。

10 メンカをつむ。

11 物語のセッテイ。

12 リキシの一日。

13 肉体とセイシン。

14 ボウフウがおさまる。

15 両者をタイヒする。

16 リョウドを広げる。

17 レキシを学ぶ。

18 ニンムを終える。

19 金属《きんぞく》のセイシツ。

20 ユソウヒがかかる。

+1 ぷらすわん

対義語《たいぎご》

五年生で学習する「非《ひ》」の一字がついて、対義語となるものがあります。

◆「非」のつく対義語

例 平常《へいじょう》↔非常

幸運↔非運

また、打ち消しの「不・無・未」の一字がつく、五年生の漢字を用いた対義語には、次のものがあります。

◆「不」のつく対義語

例 清潔《せいけつ》↔不潔

好評《こうひょう》↔不評

◆「無」のつく対義語

例 有益《ゆうえき》↔無益

有効《ゆうこう》↔無効

◆「未」のつく対義語

例 現在《げんざい》↔未来

過去《かこ》↔未来

※「現在」も「過去」も「未来」の対義語になります。

6年生の漢字

6年生で学ぶ漢字

191字

胃 異 遺 域 宇 映 延 沿 恩 我

灰 拡 革 閣 割 株 干 巻 看 簡 危 机

揮 貴 疑 吸 供 胸 郷 勤 筋 系

敬 警 劇 激 穴 券 絹 権 憲 源 厳 己

呼 誤 后 孝 皇 紅 降 鋼 刻 穀

骨 困 砂 座 済 裁 策 冊 蚕 至 私 姿

視 詞 誌 磁 射 捨 尺 若 樹 収

宗 就 衆 従 縦 縮 熟 純 処 署 諸 除

承 将 傷 障 蒸 針 仁 垂 推 寸

盛 聖 誠 舌 宣 専 泉 洗 染 銭 善 奏

窓 創 装 層 操 蔵 臓 存 尊 退

宅 担 探 誕 段 暖 値 宙 忠 著 庁 頂

腸 潮 賃 痛 敵 展 討 党 糖 届

難 乳 認 納 脳 派 拝 背 肺 俳 班 晩

否 批 秘 俵 腹 奮 並 陛 閉 片

補 暮 宝 訪 亡 忘 棒 枚 幕 密 盟 模

訳 郵 優 預 幼 欲 翌 乱 卵 覧

裏 律 臨 朗 論

いちばん画数の多い
十九画の漢字が
二個あるよ。
探してみよう。

解答は次ページ。

6年生の漢字

読み

日付

正解数

/30

解答▶別冊9ページ

1 文明の源。

2 蚕を育てる。

3 意見が異なる。

4 芸術作品《げいじゅつ》を創る。

5 大きく息を吸う。

6 気力を奮う。

7 判断《はんだん》を誤る。

8 地図で駅を探す。

9 点差が縮まる。

10 時計が時を刻む。

11 とびらを閉じる。

12 両親を敬う。

13 川に沿って進む。

14 風が激しくふく。

15 傷口が広がる。

16 計画の規模。

17 国宝の仏像《ぶつぞう》。

18 混乱が生じる。

19 雑草《ざっそう》を除去する。

20 潮風がふく。

21 時間を厳守する。

22 情報《じょうほう》を取捨する。

23 垂直に線を引く。

24 筋道立てて話す。

25 洗練された動き。

26 天皇誕生日《たんじょうび》。

27 幕府が開かれる。

28 巻物を読む。

29 役割を分担《ぶんたん》する。

30 価値が高い。

前ページの解答 「警・臓」の二個。

6年生の漢字 書き①

日付

正解数

/20

解答▶別冊9ページ

① シタがしびれる。
② ふとワレに返る。
③ ツクエの上をふく。
④ アッカンの演技《えんぎ》。
⑤ 意見をヒテイする。
⑥ イヘンが生じる。
⑦ イヨクにあふれる。
⑧ コキョウにもどる。
⑨ 新作のエイガ。
⑩ 絵をハイケンする。
⑪ 同じケイトウ。
⑫ オンジンに再会《さいかい》する。
⑬ オンセンに入る。
⑭ カクギで決定する。
⑮ カシを書く。
⑯ 銀行にヨキンする。
⑰ オヤコウコウをする。
⑱ イチョウが弱い。
⑲ ウチュウのなぞ。
⑳ 会社のエンカク。

+1 ぷらすわん

二字熟語《じゅくご》の構成《こうせい》①

二字熟語の組み立てには、次のようなものがあります。

◆似《に》た意味の漢字を組み合わせたもの

㊺拡張《かくちょう》

→「拡」も「張」も「ひろげる」という似た意味を表す漢字の組み合わせになっています。

◆対《つい》または反対の意味の漢字を組み合わせたもの

㊺進退《しんたい》

→「進む」と「退《しりぞ》く」で、反対の意味を表す漢字の組み合わせになっています。

◆上の漢字が下の漢字をくわしくしているもの

㊺激流《げきりゅう》

→「激《はげ》しい」が「流れ」をくわしく説明しています。

6年生の漢字

書き②

日付

正解数

/20

解答▶別冊 9ページ

1 秋から冬にイタる。
2 石を取りノゾく。
3 カブシキ会社の設立《せつりつ》。
4 紙のウラオモテ。
5 カンタンな問題。
6 今年はダントウだ。
7 機械がコショウする。
8 木木がコウヨウする。
9 キケンな場所。
10 キチョウな経験《けいけん》。

11 君の目はフシアナだ。
12 ギモンを感じる。
13 ギュウニュウを飲む。
14 画像《がぞう》をカクダイする。
15 キンセンを受け取る。
16 ケイザイが発展《はってん》する。
17 カンチョウの海。
18 コキュウを整える。
19 フッキンをきたえる。
20 ソンケイする人物。

+1 ぷらすわん

二字熟語《じゅくご》の構成《こうせい》②

◆下の漢字が上の漢字の対象《たいしょう》を表しているもの

例 預金《よきん》

→「何を」「何に」にあたる語が下にきます。「預《あず》ける」の対象である「お金」が下にきています。

◆上に「無・不・未・非《ひ》」などがついて下の漢字の意味を打ち消しているもの

例 無色

→「無」が「色」の意味を打ち消しています。

例 不在《ふざい》

→「不」が「在」の意味を打ち消しています。

例 未満

→「未」が「満」の意味を打ち消しています。

例 非礼《ひれい》

→「非」が「礼」の意味を打ち消しています。

6年生の漢字 書き③

日付

正解数 　/20

解答▶別冊9ページ

1 一列にナラぶ。
2 皿に果物をモる。
3 不足分をオギナう。
4 けが人のカンビョウ。
5 ケンポウを制定《せいてい》する。
6 工場をシサツする。
7 コウソウビルの建設《けんせつ》。
8 コウテツの意志《いし》。
9 サイバンを受ける。
10 コクモツを輸入《ゆにゅう》する。

11 コメダワラをかつぐ。
12 コウフンして話す。
13 ヨクバンまで続く。
14 作品をヒハンする。
15 ザセキを指定する。
16 サッシにまとめる。
17 スンゲキを演《えん》じる。
18 ゲキツウが走る。
19 英文をゴヤクする。
20 歴代《れきだい》のコウゴウ。

＋1 ぷらすわん

三字熟語《じゅくご》の構成《こうせい》

三字熟語の組み立てには、次のようなものがあります。

◆**上の一字が、下の二字熟語をくわしくしているもの**

例 難事件《なんじけん》（難＋事件）
諸問題《しょもんだい》（諸＋問題）

上の「無・不・未・非《ひ》」などが下の熟語を打ち消すものがあります。

例 無所属《むしょぞく》（無＋所属）
非公式《ひこうしき》（非＋公式）

◆**上の二字熟語が、下の一字をくわしくしているもの**

例 作業机《さぎょうづくえ》（作業＋机）
理想郷《りそうきょう》（理想＋郷）

下の「的・性《せい》・然・化」などが上の熟語に意味をそえるものがあります。

例 経済的《けいざいてき》（経済＋的）
効率化《こうりつか》（効率＋化）

◆**三字が対等に並《なら》ぶもの**

例 衣食住（衣＋食＋住）

6年生の漢字

書き ④

日付

正解数

/20

解答▶別冊 9ページ

1 楽しくクらす。
2 手紙がトドく。
3 ジュウライの方法。
4 サンチョウを目指す。
5 シゲンを大切にする。
6 ジコをあざむく。
7 実力をハッキする。
8 ジシャクで遊ぶ。
9 シセイを正す。
10 シゴをつつしむ。
11 ジタクに帰る。
12 シャソウの景色。
13 ザッシを読む。
14 シュウショクをする。
15 足をコッセツする。
16 テイキケンを買う。
17 神がコウリンする。
18 コンナンにうちかつ。
19 サトウを加える。
20 地図のシュクシャク。

+1 ぷらすわん

複合語《ふくごうご》

二つ以上のことばが組み合わさり、一つのことばになったものを、複合語といいます。複合語には、次のような組み合わせのものがあります。

◆**和語と和語の組み合わせ**
例 飛ぶ＋立つ→飛び立つ
白い＋波→白波
雨＋雲→雨雲
※ことばが組み合わさるときに、形や読み方が変わる場合があります。

◆**漢語と漢語の組み合わせ**
例 学校生活・完成品

◆**外来語と外来語の組み合わせ**
例 サッカーシューズ

◆**和語と漢語の組み合わせ**
例 歯医者・年賀《ねんが》はがき

◆**和語と外来語の組み合わせ**
例 紙コップ・消しゴム

◆**漢語と外来語の組み合わせ**
例 漢字ドリル・ピアノ教室

6年生の漢字 書き 5

日付

正解数

/20

解答▶別冊10ページ

1 手をアラう。

2 布《ぬの》をソめる。

3 ジュンジョウな青年。

4 ジョウキが発生する。

5 ショウチョウの役人。

6 すぐれたズノウ。

7 ショウライの夢《ゆめ》。

8 ショコクを旅する。

9 世界イサンの島。

10 シンコクな表情《ひょうじょう》。

11 シンゾウが高鳴る。

12 スイリ小説を書く。

13 ジンギを重んじる。

14 セイショを読む。

15 人のハイカツリョウ。

16 美しいキヌオリモノ。

17 衣服のシュウノウ。

18 仏教《ぶっきょう》のシュウハ。

19 飛行機のソウジュウ。

20 国家のソンボウ。

+1 ぷらすわん

複数《ふくすう》の読みをもつ熟語《じゅくご》

漢字には音読み・訓読みがあるため、一つの熟語に二つ以上の読みがあり、意味が異なる場合があります。

◆「大家」の読み

例 部屋の大家と話す。

→読みは「おおや」。

書道の大家の作品。

→読みは「たいか」。

◆「風車」の読み

例 風車を建てる。

→読みは「ふうしゃ」。

風車に息をかける。

→読みは「かざぐるま」。

◆「宝物」の読み

例 宝物のような思い出。

→読みは「たからもの」。

東大寺正倉院《とうだいじしょうそういん》の宝物。

→読みは「ほうもつ」。

6年生の漢字

書き 6

日付

正解数

/20

解答▶別冊10ページ

1 後ろにシリゾく。
2 不用品をスてる。
3 センモンとする分野。
4 ゼンリョウな市民。
5 大会をエンキする。
6 タイサクを練る。
7 タカラモノの発見。
8 チイキの人人。
9 適切《てきせつ》なショチ。
10 テキタイする組織《そしき》。
11 タンニンの先生。
12 チンギンを支《し》はらう。
13 手をフショウする。
14 デンショウする芸能《げいのう》。
15 ヨウサンを営《いとな》む。
16 レイゾウコを買う。
17 家をホウモンする。
18 ネダンを決める。
19 チュウセイをちかう。
20 トウロンを行う。

+1 ぷらすわん

同音異義語《どうおんいぎご》

六年生で学習する漢字を用いた同音異義語には、次のようなものがあります。書き分けができるようにしておきましょう。

◆「補習《ほしゅう》」と「補修《ほしゅう》」
補習…正規《せいき》の授業《じゅぎょう》以外の、学力を補《おぎな》うための授業。
補修…こわれた部分などを直すこと。

◆「保障《ほしょう》」と「保証《ほしょう》」
保障…保護《ほご》して守ること。
保証…まちがいがないと認《みと》めて責任《せきにん》をもつこと。

◆「針路《しんろ》」と「進路」
針路…船などが進む方向。
進路…進んで行く道。

◆「創造《そうぞう》」と「想像《そうぞう》」
創造…新しいものをつくりだすこと。
想像…心の中で思いえがくこと。

6年生の漢字

書き⑦

1 まちがいをミトめる。
2 水がタれる。
3 皿がワれる。
4 伝統的《でんとうてき》なモヨウ。
5 トウシュ会談の日程《にってい》。
6 ドウメイを結ぶ。
7 ハイケイをえがく。
8 ナマタマゴを食べる。
9 ハイイロの空。
10 ドキョウがある。
11 ハンチョウを選ぶ。
12 ピアノのエンソウ。
13 光がハンシャする。
14 複雑《ふくざつ》なソウチ。
15 物資《ぶっし》のテイキョウ。
16 ヘイカのおことば。
17 有名なハイユウ。
18 ヒミツを守る。
19 ケイサツショに行く。
20 本のチョサクケン。

日付

正解数

/20

解答▶別冊10ページ

＋1 ぷらすわん

同訓異字《どうくんいじ》

六年生で学習する漢字を用いた同訓異字には、次のようなものがあります。文に合わせて正しく書けるようにしましょう。

◆「善《よ》い」と「良い」
善い…道徳的《どうとくてき》によい。
良い…能力《のうりょく》や質《しつ》がよい。

◆「映《うつ》る」と「写る」
映る…姿《すがた》などがほかのものの上に現《あらわ》れる。
写る…写真に姿が現れる。すけて見える。

◆「暖《あたた》かい」と「温かい」
暖かい…気温が高い。
温かい…温度が高い。

◆「勤《つと》める」と「務《つと》める」と「努める」
勤める…会社などで働く。
務める…役割《やくわり》などを引き受ける。
努める…努力して行う。

6年生の漢字

書き 8

① 用事をワスれる。
② オサナいころ。
③ キビしい寒さ。
④ 列がミダれる。
⑤ 星がタンジョウする。
⑥ 本のセンデンをする。
⑦ マイスウを数える。
⑧ ミジュクな考え。
⑨ ミンシュウの生活。
⑩ 物語をソウサクする。

⑪ 役所にキンムする。
⑫ ユウビンを出す。
⑬ 島をタンケンする。
⑭ ホウリツを守る。
⑮ 詩をロウドクする。
⑯ ワカモノの意見。
⑰ 大会がヘイマクする。
⑱ カタボウをかつぐ。
⑲ シンヨウジュの森。
⑳ テンランカイを開く。

日付

正解数

/20

解答▶別冊 10ページ

+1 ぷらすわん

類義語《るいぎご》

六年生で学習する漢字を用いた類義語には、次のようなものがあります。文に合わせて、ふさわしい類義語を用いるようにしましょう。

◆「手段《しゅだん》」と「方法」
例 交通□がない。
→「手段」は入りますが、「方法」は入りません。

◆「推測《すいそく》」と「予測」
例 □もつかない事態《じたい》。
→「予測」は入りますが、「推測」は入りません。

◆「敬服《けいふく》」と「感心」
例 □な少年だ。
→「感心」は入りますが、「敬服」は入りません。

◆「困難《こんなん》」と「苦労」
例 □に立ち向かう。
→「困難」は入りますが、「苦労」は入りません。

テーマで覚える復習問題

ここまで**小学6年分の漢字1026字**を練習してきました。

この章では、学年に関係なく、テーマに沿《そ》って**小学全漢字を復習《ふくしゅう》**していきます。「部首」や「読み」などに注意しながら練習し、漢字の知識《ちしき》を確《たし》かなものにしていきましょう。

まとめて覚える同じ部首の漢字 1

1 次の――線部のカタカナを、部首に注意して漢字で書きましょう。

1. マツの木がのびる。
2. ウメの実を食べる。
3. サクラの花をながめる。
4. 木のエダを折る。
5. 切りカブにこしをかける。
6. 温室でショク物を育てる。
7. ジュ木の種類を調べる。
8. 試験に合カクする。
9. 文章のコウ成を考える。
10. 土地のケン利を手に入れる。

2 次の――線部のカタカナを、部首に注意して漢字で書きましょう。

1. 水面にナミが立つ。
2. ミズウミに葉っぱをうかべる。
3. 小型船《こがたせん》がミナトに着く。
4. 海が引きシオになる。
5. 船員たちが大リョウを祝う。
6. 電車がおくれて車内がコむ。
7. 図書館の利用者数がへる。
8. 急ぎの用事をスます。
9. 立パに成長した姿《すがた》を見せる。
10. 簡《かん》ケツに事情《じじょう》を説明する。

日付

正解数

/20

解答▶別冊 11ページ

まとめて覚える同じ部首の漢字 ❷

日付

正解数

/20

解答▶別冊 11ページ

1

次の――線部のカタカナを、部首に注意して漢字で書きましょう。

① 時計の針《はり》が三時をサす。
② 川に向かって小石をナげる。
③ 九回裏《うら》にダ席に立つ。
④ 山に入って木の実をトる。
⑤ サガし物が見つかる。
⑥ 初日の出をオガむ。
⑦ 朝早く起きて体ソウをする。
⑧ 具体的な方法をテイ案する。
⑨ 事件《じけん》についてのスイ測《そく》を述《の》べる。
⑩ うわさがカク散されていく。

2

次の――線部のカタカナを、部首に注意して漢字で書きましょう。

① 一週間前の新聞をヨむ。
② 人生についての教えをトく。
③ 校歌の作シ作曲をする。
④ 今日の学級日シを書く。
⑤ 漢字を書きアヤマる。
⑥ おくれた言いワケをする。
⑦ 学会でロン文を発表する。
⑧ 友人の弁《べん》ゴをする。
⑨ セイ実に対応《たいおう》する。
⑩ ショ事情《じじょう》により大会が中止になる。

まとめて覚える同じ部首の漢字③

1 次の——線部のカタカナを、部首に注意して漢字で書きましょう。

1. ソウ原をはだしで走り回る。（　　）
2. 春の山で木木がメ生える。（　　）
3. ナの花がさく畑を歩く。（　　）
4. ワカ葉が青青としげる。（　　）
5. 木の実が地面にラッ下する。（　　）
6. 自宅《じたく》の庭で園ゲイを楽しむ。（　　）
7. 植物の成分からクスリを作る。（　　）
8. 時代の先を読むエイ断《だん》を下す。（　　）
9. 水分がジョウ発する。（　　）
10. 図書館のゾウ書を整理する。（　　）

2 次の——線部のカタカナを、部首に注意して漢字で書きましょう。

1. カン動してなみだを流す。（　　）
2. 理ソウに近づくよう努力する。（　　）
3. 思い通りにいかずためイキをつく。（　　）
4. 不安で気分がワルくなる。（　　）
5. 最後まで信ネンをつらぬく。（　　）
6. ワスれ物を届《とど》ける。（　　）
7. キュウ用を思い出す。（　　）
8. 助けられたオン返しをする。（　　）
9. 職務《しょくむ》にチュウ実に取り組む。（　　）
10. 生活の実タイを調査《ちょうさ》する。（　　）

日付

正解数

/20

解答▶別冊11ページ

まとめて覚える同じ部首の漢字 ④

日付

正解数

/20

解答▶別冊 11ページ

1 次の——線部のカタカナを、部首に注意して漢字で書きましょう。

1 書テンで本を買う。
2 中ニワに木を植える。
3 新しくチョウ舎《しゃ》を建てる。
4 船ゾコに大きな穴《あな》が開く。
5 政《せい》フが見解《けんかい》を表明する。
6 商品のコウ告《こく》を作成する。
7 来年ドの予定を立てる。
8 小コウ状態《じょうたい》を保《たも》つ。
9 ザ談会に参加する。
10 専門書《せんもんしょ》のジョ文を読む。

2 次の——線部のカタカナを、部首に注意して漢字で書きましょう。

1 ミチをまっすぐに歩く。
2 トオくに光が見える。
3 荷物を台車でハコぶ。
4 旅先から手紙をオクる。
5 アタりが静かになる。
6 あっという間に時がスぎる。
7 サカ上がりの練習をする。
8 ありのままに記ジュツする。
9 テキ当な判断《はんだん》を下す。
10 故人《こじん》のイ志《し》をつぐ。

まちがえやすい似《に》ている漢字 ❶

日付

正解数

/17

解答▶別冊11ページ

1 次の——線部のカタカナにあてはまる正しい漢字を選んで書きましょう。

① 服を日に当ててホす。（千・干）

② 業務《ぎょうむ》を部下にマカせる。（仕・任）

③ 経営《けいえい》のダイ一線を退《しりぞ》く。（弟・第）

④ 通信ギ術《じゅつ》が進歩する。（技・枝）

⑤ ヨク望が満たされない。（浴・欲）

⑥ 現在《げんざい》の心キョウを述《の》べる。（境・鏡）

⑦ 問題の対応《たいおう》にコマる。（因・困）

2 次の——線部のカタカナの似ている漢字を、正しく書き分けましょう。

①
- 新ソツの社員を採用《さいよう》する。
- 明日は晴れる確《かく》リツが高い。

②
- 作品が入ショウする。
- 問題が発カクする。

③
- 森の中を散サクする。
- 新しい住居《じゅうきょ》を建チクする。

④
- セッ極的に発言する。
- これまでの功セキをたたえる。

⑤
- 本のカン末の記事を読む。
- 映画《えいが》の前売りケンを買う。

まちがえやすい似《に》ている漢字 ❷

1

次の――線部のカタカナにあてはまる正しい漢字を選んで書きましょう。

1 エイ遠に共に過《す》ごす。　氷　永

2 早朝の飛行機にノる。　垂　乗

3 百カ店で洋服を買う。　貸　貨

4 友達を家にマネく。　招　昭

5 四シャ五入して計算する。　拾　捨

6 行くスエを見届《みとど》ける。　未　末

7 高価《こうか》な指ワをもらう。　輪　輸

2

次の――線部のカタカナの似ている漢字を、正しく書き分けましょう。

1 難《むずか》しい数シキを解《と》く。
ム者ぶるいをする。

2 商品のザイ庫を数える。
食料を保《ほ》ゾンする。

3 人生のフシ目をむかえる。
駅までの道スジを説明する。

4 フク数の問題が発生する。
選手が現役《げんえき》にフッ帰する。

5 先祖《せんぞ》のハカ参りに行く。
クれていく空をながめる。

日付

正解数

/17

解答▶別冊11ページ

正しく書きたい同じ訓読みの漢字❶

日付

正解数

/17

解答▶別冊12ページ

1 次の――線部のカタカナにあてはまる正しい漢字を選んで書きましょう。

❶ 例をアげて説明する。（上・挙）

❷ アツい日が続く。（暑・熱）

❸ 試合後半で選手をカえる。（代・変）

❹ 週のハジめに雨が降《ふ》った。（始・初）

❺ 部員の期待にコタえる。（答・応）

❻ 張《は》り出した枝《えだ》をオる。（折・織）

❼ 万一の場合にソナえる。（供・備）

2 次の――線部のカタカナの同じ訓読みの漢字を、正しく書き分けましょう。

❶
冬は日が暮《く》れるのがハヤい。
川の流れがハヤい。

❷
部屋の中がアタタかい。
アタタかい湯につかる。

❸
駅まで歩く時間をハカる。
子犬の体重をハカる。
建物の高さをハカる。

❹
問題の解決《かいけつ》にツトめる。
学芸会で主役をツトめる。
長年同じ会社にツトめる。

正しく書きたい同じ訓読みの漢字 2

日付

正解数

/17

解答▶別冊12ページ

1 次の――線部のカタカナにあてはまる正しい漢字を選んで書きましょう。

1 助けられた恩《おん》をカエす。（返・帰）
2 時間をしばらくアける。（空・開）
3 雲が晴れて日がサす。（指・差）
4 計画の見通しがタつ。（立・建）
5 気持ちがサめる。（冷・覚）
6 さまざまな知識《ちしき》が身にツく。（着・付）
7 雲間から太陽がアラワれる。（表・現）

2 次の――線部のカタカナの同じ訓読みの漢字を、正しく書き分けましょう。

1
周囲《しゅうい》の反感をカう。
家の中でねこをカう。

2
手本をていねいにウツす。
鏡に自分の姿《すがた》をウツす。

3
地区大会の一回戦でヤブれる。
長年の夢《ゆめ》がヤブれる。

4
王が国をオサめる。
大きな成果をオサめる。
学問をオサめる。
税金《ぜいきん》を税務署《ぜいむしょ》にオサめる。

送りがなをまちがえやすい漢字 1

日付

正解数

/17

解答▶別冊 12ページ

1

次の――線部の送りがなが正しいものを選んで書きましょう。

1 正正堂堂《せいせいどうどう》とタタカウ。　〔戦う／戦かう〕
2 事実かどうかウタガウ。　〔疑う／疑がう〕
3 英語をオソワル。　〔教る／教わる〕
4 時間がミジカイ。　〔短い／短かい〕
5 海外に住んでヒサシイ。　〔久い／久しい〕
6 アブナイ場所に行く。　〔危い／危ない〕
7 シアワセを感じる。　〔幸せ／幸わせ〕

2

次の――線部のカタカナの動きを表すことば（動詞《どうし》）を、漢字と送りがなで書きましょう。

1 おどろいて気をウシナウ。
2 結論《けつろん》をミチビク。
3 不足分をオギナウ。
4 事故《じこ》を未然にフセグ。
5 要求をコトワル。
6 友人の家をタズネル。
7 後ろに一歩シリゾク。
8 何度も実験をココロミル。
9 砂糖《さとう》にアリがムラガル。
10 地図で場所をタシカメル。

送りがなをまちがえやすい漢字 ❷

日付

正解数

/20

解答▶別冊12ページ

1

次の——線部のカタカナの様子を表すことば（形容詞《けいようし》・形容動詞）を、漢字と送りがなで書きましょう。

1. 森の中はシズカダ。
2. トウトイ教えを聞く。
3. オサナイころを思い出す。
4. ココロヨイ風がふく。
5. アタラシイ場所に行く。
6. ヒラタイ箱を用意する。
7. ウツクシイ風景をながめる。
8. その仕事はヤサシイ。
9. 寒暖《かんだん》の差がハゲシイ。
10. ムズカシイ問題を解決《かいけつ》する。

2

次の——線部のカタカナを漢字で書きましょう。送りがなが必要なものは送りがなも書きましょう。

1. 高いココロザシをもつ。
2. 山のイタダキを目指す。
3. ウシロめたい思いをする。
4. 遠方からタヨリが届《とど》く。
5. イキオイをつけて坂を下る。
6. 成人を機にヒトリ立ちする。
7. 道のナカバで折り返す。
8. モットモ長い川を調べる。
9. カナラズ目標を達成する。
10. フタタビ歩き出す。

正しく書きたい 同じ音読みの熟語《じゅくご》 1

日付

正解数　　/17

解答▶別冊 12ページ

1

次の——線部のカタカナにあてはまる正しい熟語を選んで書きましょう。

① イガイな事実が発覚する。（意外・以外）

② カイシンして言動を見直す。（会心・改心）

③ 中学生をタイショウにする。（対照・対象）

④ ホケンに加入する。（保険・保健）

⑤ 絵画のセイサクにはげむ。（制作・製作）

⑥ 人質《ひとじち》をカイホウする。（開放・解放）

⑦ トクイな進化をする。（得意・特異）

2

次の——線部のカタカナを、同じ読みの熟語に注意して書きましょう。

① キシャが事件《じけん》の取材をする。

② 級友とのシンコウを深める。

③ 今後の対策《たいさく》をキョウギする。

④ コジンとして感想を述《の》べる。

⑤ 非常《ひじょう》ジタイに備《そな》える。

⑥ ケイセイが逆転《ぎゃくてん》する。

⑦ 会話をセイカクに記述《きじゅつ》する。

⑧ 交差点でジコが発生する。

⑨ 各国の要人がカイダンする。

⑩ 友人の意見をシジする。

正しく書きたい同じ音読みの熟《じゅく》語《ご》 ②

日付

正解数　／17

解答▶別冊12ページ

1 次の——線部のカタカナにあてはまる正しい熟語を選んで書きましょう。

① 責任《せきにん》をイッシンに負う。　（一心・一身）

② マンテンの星を見上げる。　（満点・満天）

③ 都市がセイチョウする。　（生長・成長）

④ 教授《きょうじゅ》のコウエンを聞く。　（公演・講演）

⑤ 旧友《きゅうゆう》と駅でサイカイする。　（再会・再開）

⑥ 真理をツイキュウする。　（追求・追究）

⑦ ショウガイを乗りこえる。　（障害・傷害）

2 次の——線部のカタカナを、同じ読みの熟語に注意して書きましょう。

① とびらがジドウで開く。

② キコウのよい土地へ行く。

③ サイシンの技術《ぎじゅつ》を用いる。

④ 飛行機がカコウする。

⑤ 対応《たいおう》をケントウする。

⑥ 問題はヨウイに解《と》けた。

⑦ 大雨でシカイが悪い。

⑧ 失敗した場合をカテイする。

⑨ 組織《そしき》のカンコウにならう。

⑩ 無礼な態度《たいど》にヘイコウする。

正しく書きたい同じ音読みの熟語《じゅくご》③

解答▶別冊 13ページ

1 次の――線部のカタカナの同じ音読みの熟語を、正しく書き分けましょう。

① 真面目な態度《たいど》にカンシンする。
他国の文化にカンシンをもつ。

② 議長にシメイする。
各自のシメイを果たす。

③ 消化キカンの検査《けんさ》をする。
キカンに食べ物がつまる。

④ 研究者としてタイセイする。
経営《けいえい》のタイセイを改める。

⑤ イシを表示《ひょうじ》する。
最後までイシをつらぬく。

2 次の文中で、使い方をまちがえている漢字をぬき出し、正しい漢字を書きましょう。

① 北西の夜空の正座を観測する。 ↓

② 国語事典で熟語の意味を調べる。 ↓

③ 専門家が実験の成功を名言する。 ↓

④ 有名な詩の文句を暗証する。 ↓

⑤ 海水浴をするには時機が早い。 ↓

⑥ 花見をするには絶交の天気だ。 ↓

⑦ 相続した土地を親族で当分する。 ↓

⑧ 勝利を目指して必至に練習する。 ↓

⑨ 自社の商品の品質を保障する。 ↓

⑩ 卒業後の針路を親友に相談する。 ↓

正しく書きたい 同じ音読みの熟語《じゅくご》 ④

日付

正解数

/20

解答▶別冊13ページ

1

次の——線部のカタカナの同じ音読みの熟語を、正しく書き分けましょう。

①
天変地《てんぺんち》異《い》をヨチする。（　　）
改良のヨチがある。（　　）

②
ソウゾウしたことが現実《げんじつ》になる。（　　）
新たな価値《かち》をソウゾウする。（　　）

③
真実をコウヒョウする。（　　）
新作はコウヒョウだった。（　　）

④
窓口《まどぐち》をカイセツする。（　　）
作品をくわしくカイセツする。（　　）

⑤
備《び》品《ひん》をシキュウする。（　　）
シキュウ集合場所へ向かう。（　　）

2

次の文中で、使い方をまちがえている漢字をぬき出し、正しい漢字を書きましょう。

① 大勢の生年が大会に参加した。（　）→（　）
② 新しい技術を競走して開発する。（　）→（　）
③ 室内の各所に証明を設置する。（　）→（　）
④ 衛星に注意して食材を調理する。（　）→（　）
⑤ 最後の逆転の機械をのがす。（　）→（　）
⑥ 職場で人事移動が行われる。（　）→（　）
⑦ 用件を十分に満たす人物を探す。（　）→（　）
⑧ 注文の商品を倉庫から発想する。（　）→（　）
⑨ 実験が成功する確立を計算する。（　）→（　）
⑩ 非常な言動をしたと批判される。（　）→（　）

正しく書きたい四字熟語《じゅくご》 1

1 次の意味になる四字熟語をあとの□から選び、ひらがなを漢字に直して書きましょう。

1 みながいっしょのことを言うこと。
2 とても大変な思いをすること。
3 売った値段《ねだん》がとても安いこと。
4 だれにでもよい顔をすること。
5 思いや考えがぴったり合うこと。
6 気持ちがすっかり変化すること。
7 まったく短所がないこと。
8 物事をおおげさに言うこと。

いくどうおん・はっぽうびじん・いきとうごう・しんきいってん・かんぜんむけつ・しくはっく・しんしょうぼうだい・にそくさんもん

2 次の――線部のカタカナの四字熟語を漢字で書きましょう。

1 イッセキニチョウの名案。
2 ジュウニントイロの好みがある。
3 ジャクニクキョウショクの世界。
4 道に迷《まよ》ってウオウサオウする。
5 クウゼンゼツゴの大事件《だいじけん》。
6 問題をイットウリョウダンする。
7 近所でもユダンタイテキだ。
8 セイコウウドクの暮《く》らし。
9 オンコチシンの心を重んじる。
10 話をハンシンハンギで聞く。

日付

正解数

/18

解答▶別冊 13ページ

正しく書きたい四字熟語《じゅくご》②

日付

正解数

/18

解答▶別冊 14ページ

1 次の意味になる四字熟語をあとの［　］から選び、ひらがなを漢字に直して書きましょう。

1 名ばかりで実質《じっしつ》がないこと。

2 自分で自分をほめること。

3 もうけることと損《そん》をすること。

4 だまって行動をおこすこと。

5 表現《ひょうげん》にふくみがあるさま。

6 本質的に大きな差はないさま。

7 いきなり本題にふれること。

8 絶《た》えず進歩すること。

じがじさん・だいどうしょうい・いみしんちょう・ふげんじっこう・ゆうめいむじつ・にっしんげっぽ・りがいとくしつ・たんとうちょくにゅう

2 次の――線部のカタカナの四字熟語を漢字で書きましょう。

1 イッシンイッタイの接戦《せっせん》。

2 私《わたし》たちはイシンデンシンの仲だ。

3 ジキュウジソクの生活。

4 キシカイセイの一手を打つ。

5 ゼッタイゼツメイの事態《じたい》。

6 タイキバンセイの人物。

7 リンキオウヘンに動く。

8 メイキョウシスイの心境《しんきょう》。

9 その態度はゴンゴドウダンだ。

10 インガオウホウのむくい。

正しく書きたい都道府県 1

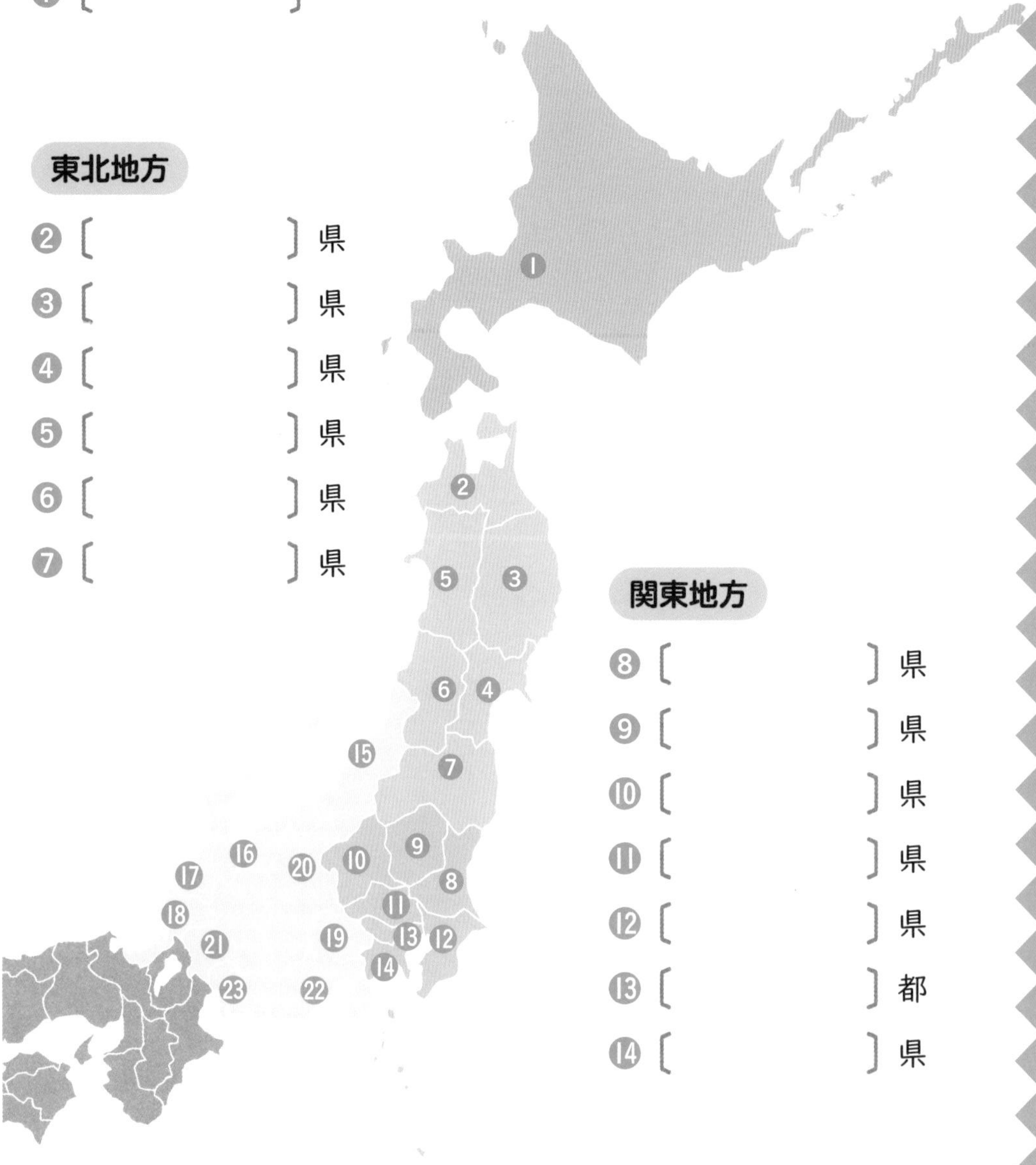

北海道地方

1〔　　　　　　〕

東北地方

2〔　　　　　　〕県

3〔　　　　　　〕県

4〔　　　　　　〕県

5〔　　　　　　〕県

6〔　　　　　　〕県

7〔　　　　　　〕県

関東地方

8〔　　　　　　〕県

9〔　　　　　　〕県

10〔　　　　　　〕県

11〔　　　　　　〕県

12〔　　　　　　〕県

13〔　　　　　　〕都

14〔　　　　　　〕県

中部地方

15〔　　　　　　〕県

16〔　　　　　　〕県

17〔　　　　　　〕県

18〔　　　　　　〕県

19〔　　　　　　〕県

20〔　　　　　　〕県

21〔　　　　　　〕県

22〔　　　　　　〕県

23〔　　　　　　〕県

日付

正解数

/23

解答▶別冊 14ページ

正しく書きたい都道府県❷

近畿《きんき》地方

㉔［　　　　　　］県
㉕［　　　　　　］県
㉖［　　　　　　］府
㉗［　　　　　　］府
㉘［　　　　　　］県
㉙［　　　　　　］県
㉚［　　　　　　］県

中国地方

㉛［　　　　　　］県
㉜［　　　　　　］県
㉝［　　　　　　］県
㉞［　　　　　　］県
㉟［　　　　　　］県

四国地方

㊱［　　　　　　］県
㊲［　　　　　　］県
㊳［　　　　　　］県
㊴［　　　　　　］県

九州地方

㊵［　　　　　　］県
㊶［　　　　　　］県
㊷［　　　　　　］県
㊸［　　　　　　］県
㊹［　　　　　　］県
㊺［　　　　　　］県
㊻［　　　　　　］県
㊼［　　　　　　］県

日付

正解数

／24

解答▶別冊 14ページ

正しく読みたい熟《じゅく》字《じ》訓《くん》

1 次の――線部の熟字訓の読みをひらがなで書きましょう。

1 お父さんと話す。（　　）
2 お母さんと歩く。（　　）
3 兄さんが走る。（　　）
4 姉さんが笑う。（　　）
5 一人で遊ぶ。（　　）
6 二人で出かける。（　　）
7 一月一日の朝。（　　）
8 二月二日の昼。（　　）
9 三月二十日の夜。（　　）
10 今日は休みだ。（　　）
11 昨日は雨だった。（　　）
12 今朝の天気。（　　）
13 今年の目標。（　　）
14 大人になる。（　　）
15 字を上手に書く。（　　）
16 絵が下手だ。（　　）
17 七夕の行事。（　　）
18 真っ赤な服。（　　）
19 真っ青な空。（　　）
20 仕事を手伝う。（　　）
21 八百屋に行く。（　　）
22 時計を見る。（　　）
23 部屋の中に入る。（　　）
24 友達と会う。（　　）
25 果物を食べる。（　　）
26 美しい景色。（　　）
27 博士の話を聞く。（　　）
28 眼鏡をかける。（　　）
29 真面目な人物。（　　）
30 河原の小石。（　　）
31 迷子になる。（　　）
32 清水を見つける。（　　）

日付

正解数

/32

解答▶別冊 15ページ

覚えておきたい 中学で習う音訓

日付

正解数

/32

解答▶別冊 15ページ

1 次の――線部の読みをひらがなで書きましょう。

1 笑う門には福来《きた》る。
2 技をみがく。
3 事件《じけん》を公にする。
4 災いが生じる。
5 席に座る。
6 うでを試す。
7 賞を授かる。
8 解決《かいけつ》を図る。
9 健やかに育つ。
10 ことばを交わす。

11 和やかな様子。
12 朗らかに語らう。
13 著しい発展《はってん》。
14 各国を訪れる。
15 頂点《ちょうてん》を極める。
16 優れた頭脳《ずのう》。
17 布地《ぬのじ》を裁つ。
18 命令に背く。
19 ひもで結わえる。
20 厳かな式典。
21 速やかに動く。

22 仲のよい姉妹。
23 弟子をとる。
24 作業を分割する。
25 物質《ぶっしつ》の燃焼。
26 温厚な人物。
27 旅の支度をする。
28 日時の確認。
29 所得《しょとく》を申告する。
30 本性を現《あらわ》す。
31 迷路を歩く。
32 結果に納得する。

まちがえずに書こう ❶

1 次の――線部のカタカナを漢字で書きましょう。

① ビンぼうな暮《く》らしをぬけ出す。
② 期待でムネが高鳴る。
③ 失礼な態度《たいど》にハラを立てる。
④ 健康をタモつよう注意する。
⑤ おどろいた馬がアバれる。
⑥ 手作業で生地《きじ》をオる。
⑦ 大会の期間がノびる。
⑧ 悲しい事件《じけん》に心をイタめる。
⑨ 係員に荷物をアズける。
⑩ 大声で友達の名前をヨぶ。
⑪ 島にはタヨウな生物がいる。
⑫ 講義《こうぎ》の内容《ないよう》をヒッキする。
⑬ 事故《じこ》でジュウショウを負う。
⑭ 地図にメジルシを書きこむ。
⑮ ハツユメの内容を家族に話す。
⑯ イギリスにリュウガクする。
⑰ 人命をキュウジョする。
⑱ 提案《ていあん》がヒケツされる。
⑲ コドモが楽しそうに遊んでいる。
⑳ 寒さがホネミにしみる。
㉑ 力士《りきし》がドヒョウの上に立つ。

日付

正解数

/21

解答▶別冊 15ページ

まちがえずに書こう ②

日付

正解数

/21

解答▶別冊 15ページ

1 次の――線部のカタカナを漢字で書きましょう。

① ツネに周囲《しゅうい》に気を配る。

② イズミの水を口にする。

③ マドを開けて空気を入れかえる。

④ 後ろスガタを見かける。

⑤ 植物が地中に根をハる。

⑥ 大雨で川の水かさがマす。

⑦ 東西の文化をクラベる。

⑧ 的をイた意見を言う。

⑨ 落ち着いて指示《しじ》にシタガう。

⑩ 法にもとづいて罪《つみ》をサバく。

⑪ ブジに家に帰り着く。

⑫ テンネンの資源《しげん》が豊富《ほうふ》だ。

⑬ シオミズの分量を量る。

⑭ 畑にヒリョウをまく。

⑮ 美しいヌノジを手に入れる。

⑯ コナユキが降《ふ》る。

⑰ タンポポのワタゲが飛ぶ。

⑱ ベニイロの花がさく。

⑲ タテヨコの長さを調べる。

⑳ ハリガネで細工をする。

㉑ セスジをのばして歩く。

□ 執筆協力　多湖奈央
□ 編集協力　大西夏奈子　福岡千穂
□ デザイン　Isshiki（八木麻祐子、尾崎朗子）
□ イラスト　坂木浩子

シグマベスト
正しく使えるようになる
小学全漢字の総復習

編　者　文英堂編集部
発行者　益井英郎
印刷所　株式会社天理時報社
発行所　株式会社文英堂
〒601-8121　京都市南区上鳥羽大物町28
〒162-0832　東京都新宿区岩戸町17
(代表)03-3269-4231

●落丁・乱丁はおとりかえします。

正しく使えるようになる

小学全漢字の総復習

解答と解説

文英堂

1年生の漢字 80字

1年生の漢字 読み

問題 6ページ

❶ ひと　❷ ふた　❸ みっ
❹ よっ　❺ いつ　❻ むっ
❼ なな　❽ や　❾ ここの
❿ ひゃく　⓫ ちい　⓬ おお
⓭ しろ　⓮ あか　⓯ ただ
⓰ な　⓱ き　⓲ みぎ
⓳ ひだり　⓴ いと　㉑ えん
㉒ した　㉓ で　㉔ はい
㉕ やす　㉖ はや　㉗ だんじょ
㉘ しんりん　㉙ ちょうりつ　㉚ もじ

解説 ❶〜❾の数字の漢字は、下につくことばに注意して読むようにしよう。

1年生の漢字 書き❶

問題 7ページ

❶ 十　❷ 千　❸ 川
❹ 山　❺ 木　❻ 草
❼ 見　❽ 雨　❾ 空
❿ 貝　⓫ 石　⓬ 竹
⓭ 田　⓮ 土　⓯ 本
⓰ 王　⓱ 力　⓲ 夕日
⓳ 手足　⓴ 花火

解説 ❺「木」と⓯「本」、❼「見」と❿「貝」は形が似ているので注意。

1年生の漢字 書き❷

問題 8ページ

❶ 青　❷ 月　❸ 天
❹ 水　❺ 虫　❻ 犬
❼ 耳　❽ 目　❾ 口
❿ 子　⓫ 人　⓬ 音
⓭ 車　⓮ 金　⓯ 村
⓰ 中　⓱ 上　⓲ 年玉
⓳ 学校　⓴ 先生

解説 ❸「天」には「点」、❽「目」には「芽」という同じ読みのことばがあるので注意。

2年生の漢字 160字

2年生の漢字 読み

問題 10ページ

❶ かど　❷ あとまわ　❸ こと
❹ と　❺ もち　❻ とお
❼ かぞ　❽ まる　❾ まじ
❿ した　⓫ しる　⓬ とお
⓭ なか　⓮ せんば　⓯ いっか
⓰ ちじん　⓱ たいせつ　⓲ きらく
⓳ こうだい　⓴ がいしゅつ
㉑ がんじつ　㉒ しんぶん
㉓ じしゃ　㉔ きょうだい
㉕ さいく　㉖ かいが
㉗ ちゅうや　㉘ みょうちょう
㉙ こうこがく　㉚ うおいちば

解説 ㉚「魚市場」は「うおいちば」と読むことに注意。

2年生の漢字 書き❶

問題 11ページ

①羽 ②夏 ③古
④広 ⑤光 ⑥行
⑦春休 ⑧冬休 ⑨小魚
⑩音楽 ⑪活気 ⑫毎日
⑬岩石 ⑭汽車 ⑮引用
⑯雲海 ⑰公園 ⑱遠近
⑲何点 ⑳理科

解説 ⑭「汽車」は同音異義語《どうおんいぎご》の「記者」に注意して書き分けること。

2年生の漢字 書き❷

問題 12ページ

①家 ②絵 ③考
④高 ⑤合 ⑥黒
⑦日記 ⑧三角 ⑨雨戸
⑩語学 ⑪谷川 ⑫人里
⑬親子 ⑭休止 ⑮歌声
⑯画数 ⑰回答 ⑱会話
⑲時間 ⑳計算

解説 ⑤「合わせる」は同訓異字の「会わせる」に、⑰「回答」は同音異義語の「解答」に注意して書き分けること。

2年生の漢字 書き❸

問題 13ページ

①外 ②顔 ③細
④思 ⑤自 ⑥少
⑦市立 ⑧手紙 ⑨足首
⑩中秋 ⑪先週 ⑫八才
⑬西日 ⑭弓矢 ⑮牛肉
⑯東京 ⑰強弱 ⑱教室
⑲図形 ⑳帰国

解説 ⑩「中秋の名月」は、十五夜の月のこと。一年でいちばん美しいとされる。

2年生の漢字 書き❹

問題 14ページ

①兄 ②弟 ③姉
④妹 ⑤晴 ⑥切
⑦組 ⑧走 ⑨星空
⑩車内 ⑪曜日 ⑫名前
⑬体力 ⑭地元 ⑮新雪
⑯野原 ⑰午後 ⑱工作
⑲交通 ⑳黄色

解説 ⑮「新雪」は同音異義語の「親切」「新設《しんせつ》」などに注意。

2年生の漢字 書き❺

問題 15ページ

①寺 ②多 ③太
④知 ⑤長 ⑥一丸
⑦木刀 ⑧先頭 ⑨正門
⑩船出 ⑪日米 ⑫毛糸
⑬社会 ⑭読書 ⑮来場
⑯朝食 ⑰方言 ⑱直線
⑲台風 ⑳電池

解説 ⑳「電池」を「電地」と書かないように注意しよう。

2年生の漢字 書き❻

問題 16ページ

①昼 ②店 ③同
④聞 ⑤明 ⑥鳴
⑦白鳥 ⑧馬車 ⑨中心
⑩夜中 ⑪友人 ⑫今月
⑬一万 ⑭麦茶 ⑮当番
⑯歩道 ⑰南北 ⑱売買
⑲半分 ⑳父母

解説 ⑱「売買」は、売り買いのこと。「買売」と逆《ぎゃく》に書かないこと。

3年生の漢字

200字

3年生の漢字 読み

問題 18ページ

① おもて　② みやこ　③ こおり
④ やまい　⑤ と　⑥ お
⑦ のぼ　⑧ ころ　⑨ はな
⑩ かさ　⑪ そ　⑫ ね
⑬ たい　⑭ さいわ　⑮ まった
⑯ やす　⑰ あまやど　⑱ かわぎし
⑲ ほうこう　⑳ きょねん　㉑ くらく
㉒ じゅり　㉓ めいあん　㉔ さいじつ
㉕ けんし　㉖ きりつ　㉗ まごころ
㉘ きたい　㉙ しょじ　㉚ おうちゃく

解説 ③「氷」の読みは「こおり」。「こうり」と書かないように注意。

3年生の漢字 書き❶

問題 19ページ

① 葉　② 寒　③ 暗
④ 苦　⑤ 祭　⑥ 駅前
⑦ 中央　⑧ 横顔　⑨ 屋上
⑩ 気温　⑪ 二階　⑫ 漢字
⑬ 海岸　⑭ 期日　⑮ 客間
⑯ 悪化　⑰ 安全　⑱ 発表
⑲ 医者　⑳ 神様

解説 ②「寒」は、「⺀」の向きに注意して正しく書こう。

3年生の漢字 書き❷

問題 20ページ

① 飲　② 急　③ 去
④ 育　⑤ 王宮　⑥ 作曲
⑦ 銀行　⑧ 地区　⑨ 名君（明君）
⑩ 県道　⑪ 車庫　⑫ 湖水
⑬ 空港　⑭ 親指　⑮ 坂道
⑯ 感想　⑰ 運転　⑱ 研究
⑲ 速度　⑳ 意味

解説 ⑨「名君」は、すぐれた君主のこと。⑫「湖水地方」はイングランド北西部にある景観の美しい地域《ちいき》。

3年生の漢字 書き❸

問題 21ページ

① 起　② 泳　③ 開
④ 軽　⑤ 重　⑥ 詩
⑦ 小皿　⑧ 記号　⑨ 前歯
⑩ 正式　⑪ 酒場　⑫ 九州
⑬ 集合　⑭ 住人　⑮ 暑中
⑯ 始業　⑰ 仕事　⑱ 短所
⑲ 写真　⑳ 宿題

解説 ⑬「集合」⑯「始業」⑱「短所」の対義語《たいぎご》「解散《かいさん》」「終業」「長所」も覚えておこう。

3年生の漢字 書き❹

問題 22ページ

① 決　② 死　③ 使
④ 実　⑤ 係　⑥ 助言
⑦ 消火　⑧ 商店　⑨ 文章
⑩ 乗車　⑪ 身体　⑫ 深海
⑬ 昔話　⑭ 休息　⑮ 家族
⑯ 主役　⑰ 勝負　⑱ 昭和
⑲ 整列　⑳ 世界

解説 ⑤「係」は、送りがなをつけないように注意。

3年生の漢字　書き❺

問題 23ページ

❶向　❷守　❸取
❹受　❺次　❻他人
❼代理　❽第一　❾石炭
❿上着　⓫一丁　⓬手帳
⓭校庭　⓮汽笛　⓯都会
⓰相談　⓱幸福　⓲反対
⓳鉄橋　⓴投球

解説　⓳「橋」の五画目の「ノ」、⓴「球」の十一画目の「丶」を書き忘《わす》れないようにしよう。

3年生の漢字　書き❻

問題 24ページ

❶拾　❷終　❸植
❹申　❺大豆　❻田畑
❼農家　❽本島　❾二倍
❿湯気　⓫登山　⓬童話
⓭根気　⓮電波　⓯黒板
⓰委員　⓱荷物　⓲鼻血
⓳遊具　⓴病院

解説　⓭「根気」は、物事をずっとやり続ける気力のこと。

3年生の漢字　書き❼

問題 25ページ

❶進　❷打　❸待
❹調　❺注　❻美
❼皮肉　❽毎秒　❾手品
❿部分　⓫返答　⓬勉強
⓭生命　⓮学級　⓯自動車
⓰平等　⓱筆箱　⓲薬局
⓳放送　⓴洋服

解説　❸「待」は「持」、❺「注」は「住」「柱」と、似《に》た形の字があるので注意。

3年生の漢字　書き❽

問題 26ページ

❶追　❷配　❸悲
❹落　❺気持　❻学問
❼自由　❽油絵　❾有名
❿羊毛　⓫太陽　⓬新緑
⓭朝礼　⓮道路　⓯電柱
⓰予定　⓱流氷　⓲両面
⓳旅館　⓴練習

解説　❷「配」は「酉」を「西」と書かないように注意。
⓾「羊」は「半」、⓭「礼」は「札」と、似た形の字があるので注意。

4年生の漢字

202字

4年生の漢字　読み

問題 28ページ

❶とも　❷くらい　❸くだ
❹かなめ　❺か　❻はぶ
❼むす　❽くわ　❾おぼ
❿もっと　⓫ち　⓬さか
⓭やしな　⓮お　⓯す
⓰かか　⓱はなたば　⓲ていか
⓳きゅうじん　⓴ぶんき
㉑せいしょ　㉒きょうだい
㉓こうい　㉔こゆう
㉕たいぐん　㉖かしん
㉗ひょうさつ　㉘ひがん
㉙しゃくよう　㉚ほうたい

解説　❶「共」❷「位」❸「管」❹「要」は、それぞれ訓読みで読むことに注意しよう。

4年生の漢字　書き❶

問題 29ページ

① 茨　② 鹿　③ 願
④ 求　⑤ 愛用　⑥ 各自
⑦ 井戸　⑧ 衣服　⑨ 変化
⑩ 風景　⑪ 英語　⑫ 直径
⑬ 塩分　⑭ 大縄　⑮ 害虫
⑯ 位置　⑰ 栄養　⑱ 周辺
⑲ 欠席　⑳ 機械

解説　⑳「機械」は規模《きぼ》の大きなもの、「器械」は規模の小さなものを指すことが多い。

4年生の漢字　書き❷

問題 30ページ

① 栃　② 梨　③ 泣
④ 笑　⑤ 海底　⑥ 漁業
⑦ 信用　⑧ 楽器　⑨ 関係
⑩ 貨物　⑪ 完全　⑫ 給食
⑬ 共通　⑭ 熊手　⑮ 工夫
⑯ 季節　⑰ 希望　⑱ 軍隊
⑲ 失敗　⑳ 健康

解説　③「泣く」はなみだを流す場合に、「鳴く」は動物が声を出す場合に用いる。

4年生の漢字　書き❸

問題 31ページ

① 群　② 浴　③ 沖
④ 郡　⑤ 日照　⑥ 自覚
⑦ 合唱　⑧ 反省　⑨ 投票
⑩ 国旗　⑪ 産業　⑫ 前兆
⑬ 昨年　⑭ 古典　⑮ 才媛
⑯ 労働　⑰ 法令　⑱ 材料
⑲ 付録　⑳ 差別

解説　⑮「才媛」は、豊《ゆた》かな教養や才能《さいのう》のある女性《じょせい》のことをいう。

4年生の漢字　書き❹

問題 32ページ

① 包　② 借　③ 司会
④ 週末　⑤ 説明　⑥ 辞書
⑦ 自然　⑧ 無理　⑨ 子孫
⑩ 児童　⑪ 氏名　⑫ 管理
⑬ 祝日　⑭ 手芸　⑮ 陸上
⑯ 残念　⑰ 結果　⑱ 試験
⑲ 成功　⑳ 未満

解説　⑳「未満」は、ある数に達していないこと。その数字はふくまない。

4年生の漢字　書き❺

問題 33ページ

① 焼　② 浅　③ 手鏡
④ 順番　⑤ 卒業　⑥ 数量
⑦ 巣箱　⑧ 協力　⑨ 倉庫
⑩ 大佐　⑪ 訓練　⑫ 単調
⑬ 道徳　⑭ 灯台　⑮ 天候
⑯ 観察　⑰ 印刷　⑱ 改良
⑲ 選挙　⑳ 戦争

解説　⑦「巣箱」の「巣」と⑫「単調」の「単」は形が似《に》ているので注意。

4年生の漢字　書き❻

問題 34ページ

① 清　② 低　③ 特定
④ 努力　⑤ 仲間　⑥ 名札
⑦ 奈落　⑧ 年賀　⑨ 折半
⑩ 長官　⑪ 兵力　⑫ 北極
⑬ 散歩　⑭ 右側　⑮ 案内
⑯ 参加　⑰ 種類　⑱ 熱帯
⑲ 必要　⑳ 伝達

解説　⑦「奈落」は、ステージなどのゆか下のこと。「奈落の底」で、ぬけ出せない状態《じょうたい》という意味にもなる。

4年生の漢字 書き7

問題 35ページ

1 固　2 富　3 潟
4 発芽　5 面積　6 例文
7 目的　8 勇気　9 花輪
10 野菜　11 夕飯　12 放課後
13 城下町　14 商店街　15 便利
16 最初　17 連続　18 遊牧民
19 不思議　20 松竹梅

解説　3「潟」は書きまちがいが多いので、字形に注意して書こう。

4年生の漢字 書き8

問題 36ページ

1 好　2 香　3 老人
4 目標　5 滋賀　6 治水
7 以下　8 岡山　9 埼玉
10 長崎　11 億万　12 建国
13 博物館　14 飛行機　15 約束
16 冷静　17 岐阜　18 大阪府
19 徒競走　20 副大臣

解説　四年生では、5「滋賀」8「岡山」9「埼玉」10「長崎」17「岐阜」18「大阪府」などの都道府県の漢字の読み書きをしっかり覚えよう。

5年生の漢字

193字

5年生の漢字 読み

問題 38ページ

1 みき　2 かり　3 ひたい
4 こころざし　5 なが　6 こころよ
7 ひさ　8 ま　9 かぎ
10 へ　11 いとな　12 かこ
13 と　14 つ　15 いま
16 あんい　17 おおがた
18 かんれい　19 ぎゃくふう
20 ほうふ　21 じせき
22 よぶん　23 へんせい
24 きふ　25 こうさく
26 ひき　27 さかいめ
28 きょか　29 さっぷうけい
30 ぞうきばやし

解説　26「悲喜こもごも」は、悲しみと喜びをかわるがわる経験《けいけん》すること。

5年生の漢字 書き1

問題 39ページ

1 支　2 述　3 情
4 住居　5 花粉　6 圧力
7 賛成　8 印象　9 液体
10 関税　11 仮説　12 厚着
13 河口　14 勢力　15 感謝
16 期限　17 永久　18 快適
19 往復　20 価格

解説　18「適」は「敵《てき》」、19「復」は「複《ふく》」と書きまちがえないように注意。

5年生の漢字 書き2

問題 40ページ

1 許　2 逆　3 険
4 基本　5 招待　6 境界
7 効果　8 義理　9 統一
10 興味　11 経験　12 芸術
13 主張　14 潔白　15 原因
16 災害　17 製造　18 規則
19 禁句　20 構築

解説　2「逆らう」3「険しい」は、送りがなまでしっかり書けるようにしておこう。

5年生の漢字 書き❸
問題 41ページ

① 余
② 責
③ 喜
④ 校舎
⑤ 個別
⑥ 世紀
⑦ 財産
⑧ 夢中
⑨ 断定
⑩ 小枝
⑪ 故意
⑫ 指導
⑬ 採用
⑭ 夫妻
⑮ 周囲
⑯ 修学
⑰ 報告
⑱ 現在
⑲ 検査
⑳ 講師

解説 ⑪「故意」は、わざとすること。対義語《たいぎご》の「過《か》失《しつ》」も覚えておこう。

5年生の漢字 書き❹
問題 42ページ

① 絶
② 編
③ 貸
④ 守衛
⑤ 複雑
⑥ 授業
⑦ 賞金
⑧ 志望
⑨ 読破
⑩ 職員
⑪ 資料
⑫ 配布
⑬ 再建
⑭ 旧交
⑮ 証言
⑯ 救助
⑰ 酸素
⑱ 可能
⑲ 条件
⑳ 過程

解説 ⑫「配布」は、配って広く行きわたらせること。「配付」は、一人一人それぞれに配ること。

5年生の漢字 書き❺
問題 43ページ

① 耕
② 貧
③ 金額
④ 政治
⑤ 成績
⑥ 単独
⑦ 制服
⑧ 総合
⑨ 組織
⑩ 本堂
⑪ 祖先
⑫ 朝刊
⑬ 順序
⑭ 白状
⑮ 測定
⑯ 損得
⑰ 増減
⑱ 保護
⑲ 演技
⑳ 提示

解説 ⑤「績」と「積」、⑮「測」と「側」は、へん（偏《へん》）に注意して書き分けること。

5年生の漢字 書き❻
問題 44ページ

① 率
② 慣
③ 豊
④ 消毒
⑤ 接近
⑥ 応答
⑦ 確定
⑧ 飼育
⑨ 山脈
⑩ 肉眼
⑪ 利益
⑫ 実際
⑬ 燃料
⑭ 新幹線
⑮ 鉄鉱石
⑯ 似顔絵
⑰ 犯罪
⑱ 混雑
⑲ 銅像
⑳ 評判

解説 ⑩「肉眼」は、望遠鏡などを使わない生まれつきの視力《しりょく》のこと。

5年生の漢字 書き❼
問題 45ページ

① 迷
② 殺
③ 葉桜
④ 移動
⑤ 停車
⑥ 所属
⑦ 予防
⑧ 団結
⑨ 仏教
⑩ 平均
⑪ 出航
⑫ 武力
⑬ 省略
⑭ 婦人服
⑮ 典型的
⑯ 留守番
⑰ 非常識
⑱ 容器
⑲ 準備
⑳ 貿易

解説 ⑫「武」⑳「易」は、書きまちがえやすいので注意しよう。

5年生の漢字 書き❽
問題 46ページ

① 肥
② 寄
③ 態度
④ 弁明
⑤ 正解
⑥ 墓前
⑦ 出版
⑧ 貯金
⑨ 営業
⑩ 綿花
⑪ 設定
⑫ 力士
⑬ 精神
⑭ 暴風
⑮ 対比
⑯ 領土
⑰ 歴史
⑱ 任務
⑲ 性質
⑳ 輸送費

解説 ⑫「士」は横画の長さをまちがえると「土」、⑱「任」は「ノ」を書き忘《わす》れると「仕」と、異《こと》なる字になってしまうので注意。

6年生の漢字 191字

6年生の漢字 読み
問題 48ページ

❶みなもと ❷かいこ ❸こと
❹つく ❺す ❻ふる
❼あやま ❽さが ❾ちぢ
❿きざ ⓫と ⓬うやま
⓭そ ⓮はげ ⓯きずぐち
⓰きぼ ⓱こくほう ⓲こんらん
⓳じょきょ ⓴しおかぜ ㉑げんしゅ
㉒しゅしゃ ㉓すいちょく
㉔すじみち ㉕せんれん ㉖てんのう
㉗ばくふ ㉘まきもの ㉙やくわり
㉚かち

解説 ❾「縮まる」の読みは「ちぢまる」。「ちじまる」と書かないように注意しよう。

6年生の漢字 書き❶
問題 49ページ

❶舌 ❷我 ❸机
❹圧巻 ❺否定 ❻異変
❼意欲 ❽故郷 ❾映画
❿拝見 ⓫系統 ⓬恩人
⓭温泉 ⓮閣議 ⓯歌詞
⓰預金 ⓱親孝行 ⓲胃腸
⓳宇宙 ⓴沿革

解説 ⓯「詞」と「詩」「誌《し》」、⓱「孝」と「考」など、形が似《に》ていて読みも同じ漢字に注意。

6年生の漢字 書き❷
問題 50ページ

❶至 ❷除 ❸株式
❹裏表 ❺簡単 ❻暖冬
❼故障 ❽紅葉 ❾危険
❿貴重 ⓫節穴 ⓬疑問
⓭牛乳 ⓮拡大 ⓯金銭
⓰経済 ⓱干潮 ⓲呼吸
⓳腹筋 ⓴尊敬

解説 ⓫「節穴」は、物事を見る能力《のうりょく》がないという意味で用いられている。

6年生の漢字 書き❸
問題 51ページ

❶並 ❷盛 ❸補
❹看病 ❺憲法 ❻視察
❼高層 ❽鋼鉄 ❾裁判
❿穀物 ⓫米俵 ⓬興奮
⓭翌晩 ⓮批判 ⓯座席
⓰冊子 ⓱寸劇 ⓲激痛
⓳誤訳 ⓴皇后

解説 ❸「補」の部首は「衤」。「礻」とまちがえやすいので注意。

6年生の漢字 書き❹
問題 52ページ

❶暮 ❷届 ❸従来
❹山頂 ❺資源 ❻自己
❼発揮 ❽磁石 ❾姿勢
❿私語 ⓫自宅 ⓬車窓
⓭雑誌 ⓮就職 ⓯骨折
⓰定期券 ⓱降臨 ⓲困難
⓳砂糖 ⓴縮尺

解説 ❻「己」を「巳」、⓰「券」の「刀」を「力」と書かないように注意。

6年生の漢字 書き❺

問題 53ページ

① 洗　② 染　③ 純情
④ 蒸気　⑤ 省庁　⑥ 頭脳
⑦ 将来　⑧ 諸国　⑨ 遺産
⑩ 深刻　⑪ 心臓　⑫ 推理
⑬ 仁義　⑭ 聖書　⑮ 肺活量
⑯ 絹織物　⑰ 収納　⑱ 宗派
⑲ 操縦　⑳ 存亡

解説 ④「蒸」の四〜八画目を「水」と書かないように注意。また、九画目の「一」を書き忘《わす》れないようにしよう。

6年生の漢字 書き❻

問題 54ページ

① 退　② 捨　③ 専門
④ 善良　⑤ 延期　⑥ 対策
⑦ 宝物　⑧ 地域　⑨ 処置
⑩ 敵対　⑪ 担任　⑫ 賃金
⑬ 負傷　⑭ 伝承　⑮ 養蚕
⑯ 冷蔵庫　⑰ 訪問　⑱ 値段
⑲ 忠誠　⑳ 討論

解説 ③「専門」の「門」を「問」、⑰「訪問」の「問」を「門」と書きまちがえないように注意しよう。

6年生の漢字 書き❼

問題 55ページ

① 認　② 垂　③ 割
④ 模様　⑤ 党首　⑥ 同盟
⑦ 背景　⑧ 生卵　⑨ 灰色
⑩ 度胸　⑪ 班長　⑫ 演奏
⑬ 反射　⑭ 装置　⑮ 提供
⑯ 陛下　⑰ 俳優　⑱ 秘密
⑲ 警察署　⑳ 著作権

解説 ②「垂」は横画の数に注意。多く書かないようにしよう。

6年生の漢字 書き❽

問題 56ページ

① 忘　② 幼　③ 厳
④ 乱　⑤ 誕生　⑥ 宣伝
⑦ 枚数　⑧ 未熟　⑨ 民衆
⑩ 創作　⑪ 勤務　⑫ 郵便
⑬ 探検（探険）　⑭ 法律
⑮ 朗読　⑯ 若者　⑰ 閉幕
⑱ 片棒　⑲ 針葉樹　⑳ 展覧会

解説 ⑱「片棒をかつぐ」は、悪事に協力するという意味で使われる。

テーマで覚える復習問題

まとめて覚える同じ部首の漢字❶

問題 58ページ

1

①松 ②梅 ③桜 ④枝 ⑤株 ⑥植 ⑦樹 ⑧格 ⑨構 ⑩権

2

①波 ②湖 ③港 ④潮 ⑤漁 ⑥混 ⑦減 ⑧済 ⑨派 ⑩潔

解説 1 ①「松」と②「梅」に「竹」を加えた「松竹梅」という三字熟語《じゅくご》も覚えておこう。

まとめて覚える同じ部首の漢字❷

問題 59ページ

1

①指 ②投 ③打 ④採 ⑤探 ⑥拝 ⑦操 ⑧提 ⑨推 ⑩拡

2

①読 ②説 ③詞 ④誌 ⑤誤 ⑥訳 ⑦論 ⑧護 ⑨誠 ⑩諸

解説 2 ③「詞」と④「誌」は読みも同じなので、書きまちがえないように注意。

まとめて覚える同じ部首の漢字❸

問題 60ページ

1

①草 ②芽 ③菜 ④若 ⑤落 ⑥芸 ⑦薬 ⑧英 ⑨蒸 ⑩蔵

2

①感 ②想 ③息 ④悪 ⑤念 ⑥忘 ⑦急 ⑧恩 ⑨忠 ⑩態

解説 1 に共通する部首は「艹（くさかんむり）」、2 に共通する部首は「心（こころ）」。

まとめて覚える同じ部首の漢字❹

問題 61ページ

1

①店 ②庭 ③庁 ④底 ⑤府 ⑥広 ⑦度 ⑧康 ⑨座 ⑩序

2

①道 ②遠 ③運 ④送 ⑤辺 ⑥過 ⑦逆 ⑧述 ⑨適 ⑩遺

解説 1 に共通する部首は「广（まだれ）」、2 に共通する部首は「辶（しんにょう）」。

まちがえやすい似《に》ている漢字❶

問題 62ページ

1

①千 ②任 ③第 ④技 ⑤欲 ⑥境 ⑦困

2

①卒・率 ②賞・覚 ③策・築 ④積・績 ⑤巻・券

解説 2 ①「卒」の部首は「十」、「率」の部首は「玄」。②「賞」の部首は「貝」、「覚」の部首は「見」。

まちがえやすい似ている漢字❷

問題 63ページ

1

①永 ②乗 ③貨 ④招 ⑤捨 ⑥末 ⑦輪

2

①式・武 ②在・存 ③節・筋 ④複・復 ⑤墓・暮

解説 2 ①「式」の部首は「弋」、「武」の部首は「止」。②「在」の部首は「土」、「存」の部首は「子」。

正しく書きたい同じ訓読みの漢字❶ 問題 64ページ

1
❶挙 ❷暑 ❸代
❹初 ❺応 ❻折
❼備

2
❶早・速
❷暖・温
❸計・量・測
❹努・務・勤

解説 2 ❸時間や数をはかる場合は「計る」、重さや容積《ようせき》をはかる場合は「量る」、高さや長さをはかる場合は「測る」を用いる。

正しく書きたい同じ訓読みの漢字❷ 問題 65ページ

1
❶返 ❷空 ❸差
❹立 ❺冷 ❻付
❼現

2
❶買・飼
❷写・映
❸敗・破
❹治・収・修・納

解説 1 ❼姿《すがた》を見せる場合には「現れる」、感情が表に出てくる場合には「表れる」を用いる。

送りがなをまちがえやすい漢字❶ 問題 66ページ

1
❶戦う ❷疑う ❸教わる
❹短い ❺久しい ❻危ない
❼幸せ

2
❶失う ❷導く ❸補う
❹防ぐ ❺断る ❻訪ねる
❼退く ❽試みる ❾群がる
❿確かめる

解説 1 ❶「戦う」❷「疑う」のように、動きを表すことばは原則《げんそく》として形が変わる部分から送りがなをつける。❸「教わる」は例外。

送りがなをまちがえやすい漢字❷ 問題 67ページ

1
❶静かだ ❷尊い ❸幼い
❹快い ❺新しい ❻平たい
❼美しい ❽易しい ❾激しい
❿難しい

2
❶志 ❷頂 ❸後ろ ❹便り
❺勢い ❻独り ❼半ば ❽最も
❾必ず ❿再び

解説 1 ❷～❿などの様子を表すことばは、原則として「い」「しい」が送りがなとなる。

正しく書きたい同じ音読みの熟語《じゅくご》❶ 問題 68ページ

1
❶意外 ❷改心 ❸対象
❹保険 ❺制作 ❻解放
❼特異

2
❶記者 ❷親交 ❸協議
❹個人 ❺事態 ❻形勢
❼正確 ❽事故 ❾会談
❿支持

解説 1 ❺芸術《げいじゅつ》作品をつくる場合には「制作」、道具や機械などをつくる場合には「製作」を用いる。

正しく書きたい同じ音読みの熟語❷ 問題 69ページ

1
❶一身 ❷満天 ❸成長
❹講演 ❺再会 ❻追究
❼障害

2
❶自動 ❷気候 ❸最新
❹下降 ❺検討 ❻容易
❼視界 ❽仮定 ❾慣行
❿閉口

解説 2 ❶「児童」❷「紀行《きこう》」❸「細心」❹「加工」❺「見当」❻「用意」❼「司会」❽「過程《かてい》」❾「観光」❿「平行」などと書き分けよう。

正しく書きたい同じ音読みの熟語❸

問題 70ページ

1
❶感心・関心　❷指名・使命
❸器官・気管　❹大成・体制
❺意思・意志

2
❶正→星　❷事→辞
❸名→明　❹証→唱
❺機→期　❻交→好
❼当→等　❽至→死
❾障→証　❿針→進

解説 1 ❺思いや考えという意味の場合には「意思」、何かをしようという気持ちという意味の場合には「意志」を用いる。

正しく書きたい同じ音読みの熟語❹

問題 71ページ

1
❶予知・余地　❷想像・創造
❸公表・好評　❹開設・解説
❺支給・至急

2
❶生→青　❷走→争
❸証→照　❹星→生
❺械→会　❻移→異
❼用→要　❽想→送
❾立→率　❿常→情

解説 2 ❻職場《しょくば》での地位や勤務《きんむ》などが変わるという場合には「異動」を用いる。

正しく書きたい四字熟語❶

問題 72ページ

1
❶異口同音　❷四苦八苦
❸二束三文　❹八方美人
❺意気投合　❻心機一転
❼完全無欠　❽針小棒大

2
❶一石二鳥　❷十人十色
❸弱肉強食　❹右往左往
❺空前絶後　❻一刀両断
❼油断大敵　❽晴耕雨読
❾温故知新　❿半信半疑

解説 1 ❶「異句同音」❻「心気一転」、2 ❾「温古知新」と書かないように注意。

正しく書きたい四字熟語《じゅくご》❷

問題 73ページ

1

❶ 有名無実　❷ 自画自賛
❸ 利害得失　❹ 不言実行
❺ 意味深長　❻ 大同小異
❼ 単刀直入　❽ 日進月歩

2

❶ 一進一退　❷ 以心伝心
❸ 自給自足　❹ 起死回生
❺ 絶体絶命　❻ 大器晩成
❼ 臨機応変　❽ 明鏡止水
❾ 言語道断　❿ 因果応報

解説 1 ❼「短刀直入」、2 ❺「絶対絶命」と書かないように注意。

正しく書きたい都道府県❶

問題 74ページ

❶ 北海道　❷ 青森　❸ 岩手
❹ 宮城　❺ 秋田　❻ 山形
❼ 福島　❽ 茨城　❾ 栃木
❿ 群馬　⓫ 埼玉　⓬ 千葉
⓭ 東京　⓮ 神奈川　⓯ 新潟
⓰ 富山　⓱ 石川　⓲ 福井
⓳ 山梨　⓴ 長野　㉑ 岐阜
㉒ 静岡　㉓ 愛知

解説 ❿「群馬」の「群」を「郡」、⓫「埼玉」の「埼」を「崎」と書きまちがえないように注意しよう。

正しく書きたい都道府県❷

問題 75ページ

㉔ 三重　㉕ 滋賀　㉖ 京都
㉗ 大阪　㉘ 兵庫　㉙ 奈良
㉚ 和歌山　㉛ 鳥取　㉜ 島根
㉝ 岡山　㉞ 広島　㉟ 山口
㊱ 徳島　㊲ 香川　㊳ 愛媛
㊴ 高知　㊵ 福岡　㊶ 佐賀
㊷ 長崎　㊸ 熊本　㊹ 大分
㊺ 宮崎　㊻ 鹿児島　㊼ 沖縄

解説 ㉗「大阪」の「阪」を「坂」、㊷「長崎」㊺「宮崎」の「崎」を「埼」と書きまちがえないように注意しよう。

正しく読みたい熟字訓

問題 76ページ

I

①とう ②かあ ③にい
④ねえ ⑤ひとり ⑥ふたり
⑦ついたち ⑧ふつか ⑨はつか
⑩きょう ⑪きのう ⑫けさ
⑬ことし ⑭おとな
⑮じょうず ⑯へた
⑰たなばた ⑱まっか
⑲まっさお ⑳てつだ
㉑やおや ㉒とけい
㉓へや ㉔ともだち
㉕くだもの ㉖けしき
㉗はかせ ㉘めがね
㉙まじめ ㉚かわら
㉛まいご ㉜しみず

解説 I ⑦「一日」は「いちにち」とも読むが、日付を表す場合には「ついたち」と読む。

覚えておきたい中学で習う音訓

問題 77ページ

I

①かど ②わざ ③おおやけ
④わざわ ⑤すわ ⑥ため
⑦さず ⑧はか ⑨すこ
⑩か ⑪なご ⑫ほが
⑬いちじる ⑭おとず
⑮きわ ⑯すぐ
⑰た ⑱そむ
⑲ゆ ⑳おごそ
㉑すみ ㉒しまい
㉓でし ㉔ぶんかつ
㉕ねんしょう ㉖おんこう
㉗したく ㉘かくにん
㉙しんこく ㉚ほんしょう
㉛めいろ ㉜なっとく

解説 I ㉜「納」の音読みには「ナッ」のほかに、「ノウ」「トウ」などもある。

まちがえずに書こう❶

問題 78ページ

I

①貧 ②胸 ③腹
④保 ⑤暴 ⑥織
⑦延 ⑧痛 ⑨預
⑩呼 ⑪多様 ⑫筆記
⑬重傷 ⑭目印 ⑮初夢
⑯留学 ⑰救助 ⑱否決
⑲子供 ⑳骨身 ㉑土俵

解説 I ⑪「多様」は、同音異義語《どうおんいぎご》の「多用」「他用」があるので注意しよう。

まちがえずに書こう❷

問題 79ページ

I

①常 ②泉 ③窓
④姿 ⑤張 ⑥増
⑦比 ⑧射 ⑨従
⑩裁 ⑪無事 ⑫天然
⑬塩水 ⑭肥料 ⑮布地
⑯粉雪 ⑰綿毛 ⑱紅色
⑲縦横 ⑳針金 ㉑背筋

解説 I ⑧「射る」は、同訓異字の「居る」と書きまちがえないようにしよう。